LAROUSSE

LOS MEJORES TRUCOS DE COCINA

LAROUSSE

LOS MEJORES TRUCOS DE COCINA

con *Antonio Arrabal*

Fotografías de Diego Peláez

LAROUSSE

Dirección editorial
Jordi Induráin Pons y Tomás García Cerezo

Coordinación de la edición
Àngels Casanovas Freixas y Verónica Rico Mar

Textos
Antonio Arrabal

Fotografía
Diego Peláez

Ilustraciones
Màriam Ben-Arab

Corrección
Àngels Olivera, Laura del Barrio e Irving Sánchez Ruiz

Diseño y formación
Marc Monner y Rossana Treviño

Adaptación de portada
Ediciones Larousse, S.A. de C.V.,
con la colaboración de Nice Montaño Kunze

ISBN (España): 978-84-16124-03-9
ISBN (México): 978-607-21-1207-0

Este libro se terminó de imprimir en enero de 2016 en los
talleres de Trabajos Manuales Escolares, S. A. de C. V.
Oriente 142 No. 216 Col. Moctezuma
2da. Sección C.P. 15530, México, D.F.

Presentación

La joya que usted acaba de adquirir es el mejor utensilio de cocina que existe
en el mercado. Si le han prestado el libro, por favor, devuélvalo tan pronto como acabe
de leerlo a su dueño y vaya a la librería a hacerse de uno. Puede que, si no lo hace,
no vaya al cielo… Podríamos decir que es una enciclopedia de sabiduría y experiencia
gastronómica pero también un perfecto manual de cocina para toda la familia, repleto
de buenos y variados trucos y consejos para que cocinar sea un placer. Cuidado hasta el
último detalle, nos muestra con precisión el paso a paso de cada plato, de cada despiece
o de cada troceado. Esto es así porque Antonio es minucioso, meticuloso. Y humilde.
Solo tenemos que fijarnos en sus agradecimientos…

Mucho antes de que comenzara su periplo en el concurso televiso de Top Chef
España, ya hacía sus pininos en el programa *Burgos es Así* de Castilla y León Televisión
con la sección "La cesta de Antonio", en la que charlaba de libros de gastronomía
y nos deleitaba con una de sus recetas, puras, imaginativas y delicadas, que tanto
le caracterizan. Hoy, después de su flamante éxito en el programa de Antena 3,
sigue haciéndolo y, por si no se sabe, sin remunerar.

Creo que Antonio es un hombre bueno, de vocación y trabajo largo y continuado,
que ahora se está ganando lo que desde hace muchos años lleva trabajándose: ser un
gran cocinero. Por mucho que algunos quieran hacer ver que Arrabal es *otro* nuevo chef
gracias a un *reality show*, yo les puedo asegurar que Antonio es mucho más.

Ha creado, como verán en estas páginas limpias, ordenadas y minuciosamente
elaboradas y cuidadas, su propio estilo "Arrabal". Una cocina intimista, que nace
de la tradición del guiso de cuchara, con un tratamiento adecuado de los ingredientes
y empleando las técnicas más actuales e innovadoras. Y con todo ello, sus trucos,
sus consejos, su saber adquirido durante años, esos pequeños detalles que harán
que cada plato sea diferente y personal.

Desde estas líneas quiero agradecer a Larousse Editorial el hacer posible el sueño
de un pinche convertido a cocinero por méritos propios. La cocina de Antonio Arrabal
les espera para que triunfen en su propia casa y puedan convertirse por unos minutos
en grandes chefs. Así que tomen sus cuchillos y empiecen a usar esta joya que,
supongo, acaban de adquirir...

Gerardo de Mateo Silleras
Presentador de *Ocho Magazine,* en Castilla y León Televisión

Agradecimientos

Tengo tanto que agradecer que no sé por dónde empezar, pero es de ley comenzar por mis padres, Francisco y Antonia, que siempre me han dado todo sin esperar nada a cambio. A mis hermanos, Paco y Mónica, me gustaría agradecerles que siempre hayan confiado en mí sin dudarlo. A mi mujer, Carol, quiero agradecerle su apoyo incondicional, y a mi hijo, Eneko, que desde que llegó iluminara mi vida y mi profesión. Asimismo, me gustaría dar las gracias a mi escuela, Topi (Antonio, Ángel, Alfonso, Tere, Armando, Vicente), que me ha enseñado el camino correcto. A Darío Bueno, mi padrino en este mundo, me gustaría agradecerle su humildad y tesón, que fueron mi guía. Asimismo, doy las gracias a Víctor Sánchez, que me dio la alternativa en Abbahoteles; a mi equipo y compañeros del AbbaBurgos, los que fueron y los que son; a Gerardo por su generosidad; a los mosqueteros (Javi, Bego y Miguel) porque no viviremos otra cosa igual; a los Terribles (Marcos, Javi, Jesús Ángel y Emiliano), que son simplemente grandes; al equipo prebenjamín (Pablo, Dani, Luis, Ángel, Sergio) por ser geniales; a mi compañero en este camino Diego Peláez (¡qué fácil es todo contigo, amigo!); a Javier (hotel hogar), Lucho y a Roberto Arce (por su colaboración); al mercado de abastos Norte de Burgos y a toda la gente que en algún momento se cruzó en mi vida y participó en esta receta llamada amistad.

La mejor receta es la pasión por lo que haces.

Antonio Arrabal

Sumario

¿Por qué un libro de trucos de cocina? 14

Verduras, frutas, lácteos y huevos

Truco para pelar jitomates con rapidez 26
Truco para conseguir agua de jitomate 27
Agua de jitomate y orégano con bacalao confitado 28
Truco para que el jitomate no sea tan ácido 30
Truco para hacer un gazpacho 30
Truco para cocer papas enteras 30
Papas a la gallega con camarones al ajillo 32
Truco para hacer chips de papa 34
Truco para aromatizar calabaza de Castilla asada 34
Truco para aderezar una ensalada 34
Truco para cocer coliflor sin malos olores 35
Truco para pelar fácilmente los pimientos después de asarlos 36
Truco para asar berenjenas 37
Berenjenas gratinadas rellenas de carne boloñesa 38
Truco para caramelizar cebolla 40
Truco para limpiar un poro 40
Truco para cocinar *calçots* en casa 41
***Calçots* con salsa romesco** 42
Truco para encurtir cebolla morada 44
Truco para evitar llorar mientras picas cebolla 44

Truco para preparar una compota de cebolla 44
Truco para hacer crema de ajo 45
Truco para que no germinen las cebollas 46
Truco para evitar que las manos huelan al limpiar ajo 46
Truco para sazonar el ajoblanco 46
Truco para cocinar y limpiar ajos 47
Truco para que el poro sea más digerible 47
Truco para conservar perejil o cebollín 48
Truco para hacer aceite de albahaca 48
Truco para preparar tempura de verduras 48
Verduras en tempura con camarones y mayonesa de soya 50
Truco para hacer aceite de perejil 52
Truco para vaciar una calabacita 53
Calabacita rellena de morcilla 54
Truco para conservar el color de las verduras al cocinarlas 56
Truco para que no se oxiden las alcachofas 57

Alcachofas en salsa verde................................. 58

Truco para cocer espárragos blancos................... 60

Truco para que las espinacas queden
crujientes... 60

Truco para refrescar menta............................... 60

Truco para preparar cuscús vegetal.................... 61

Truco para cocinar endivias en el microondas ... 62

Truco para cocinar verduras.............................. 63

Salteado de verduras con huevo pochado
y aceite de ajo... 64

Truco para escoger un buen mango.................... 66

Truco para saber si un melón está
en su punto óptimo.. 66

Truco para elegir una buena sandía.................... 66

Truco para cocinar hongos congelados 67

Hongos salteados con virutas de foie
y yema de huevo curada 68

Truco para pelar un aguacate y evitar
que se oxide... 70

Truco para cocer yuca..................................... 71

Crema de yuca con huevo y tocino 72

Truco para que maduren antes los plátanos ... 74

Truco para hacer cubitos de hielo
con frutas para tus bebidas o cocteles.............. 74

Truco para saber si un huevo está
en óptimas condiciones................................... 74

Truco para preparar un huevo pochado.............. 75

Truco para hacer un omelette más esponjoso . 76

Truco para saber si un huevo
está bien cocido... 77

Truco para cocinar queso de cabra.................... 78

Truco para cortar queso de cabra...................... 78

Truco para cortar queso brie............................. 78

Truco para preparar crujientes de queso 79

Pescados y mariscos

Truco para saber si el pescado está fresco........ 82

Truco para hacer una buena fritura de pescado ... 82

Cucurucho de pescado frito con alioli
de curry 84

Truco para hacer refritos de pescado................. 86

Truco para cocinar pescado azul........................ 87

Lomo de sierra con sopa de anís
y azafrán con almejas escabechadas............ 88

Truco para quitar la piel a una caballa................ 90

Truco para quitar las escamas fácilmente........... 90

Truco para cocinar pescado al horno.................. 90

Papillote de merluza con verduras................ 92

Truco para hacer pescados a la plancha.............. 94

Truco para desangrar pescados......................... 94

Truco para cocinar huevas de merluza................ 95

Truco para congelar pescados........................... 96

Truco para conservar pescado recién
comprado... 96

Truco para descongelar pescados...................... 97

Truco para lavar el pescado.............................. 98

Truco para preparar un pastel de pescado......... 98

Truco para retirar las espinas a un lomo
de salmón.. 99

Lomo de salmón asado con verduras
escabechadas y crema de calabaza............ 100

Truco para salar pescado................................ 102

Truco para aprovechar la cabeza
y la espina del pescado.................................. 102

Truco para adobar pescados............................ 103

Truco para desalar bacalao............................. 104

Truco para filetear un rodaballo 105

Lomo de rodaballo con jamón serrano
y cebollas cambray...................................... 106

Truco para calcular la cantidad de pescado
necesaria por persona.................................... 108

Truco para evitar que se encoja la piel
del pescado al cocinarlo....................... 108
Truco para cocinar pescados a la sal....... 109

**Besugo a la sal con vinagreta
aromatizada de jitomate** 110
Truco para cortar una pieza de atún........ 112
Truco para hacer rápidamente un pil-pil......... 112

**Cocochas de bacalao al pil-pil
con arroz cremoso de almejas** 114
Truco para alcanzar el mismo punto
de cocción en todas las raciones............. 116
Truco para escabechar pescado............... 116
Truco para marinar pescados.................. 117
Truco para evitar los anisakis................. 118
Truco para eviscerar el pescado............. 118
Truco para cocer un pulpo..................... 118

**Pulpo a la plancha con crema de papa
y aceite de pimentón** 120
Truco para preparar calamares tiernos......... 122
Truco para preparar atún en conserva........ 123
Truco para hacer un ceviche de pescado...... 123

Ceviche de callo de hacha y frutas........ 124
Truco para limpiar pescados pequeños........ 126
Truco para preparar carpaccios de marisco...... 126
Truco para limpiar moluscos................... 127
Truco para aumentar el tamaño
de los pescados.................................. 128
Truco para saber si un molusco está fresco...... 128
Truco para aprovechar las cabezas
y las pieles del marisco........................ 128
Truco para detener la cocción de un marisco... 129
Truco para abrir moluscos fácilmente......... 130
Truco para cocer y pelar un bogavante........ 130

**Bogavante con tártara de aguacate
y piña con vinagreta de su coral**........... 132
Truco para cocer un bogavante
o un cangrejo al que le falta una pata....... 134
Truco para cocer percebes..................... 134
Truco para hacer langostinos a la plancha...... 134
Truco para saber cuál es la mejor
temporada para elegir el marisco............. 135

Carnes y aves

Truco para comprar un buen entrecot............. 138
Truco para hacer una buena hamburguesa
de ternera.. 138

**Hamburguesa de ternera y trufa
con salsa de queso** 140
Truco para limpiar un filete de ternera....... 142
Truco para cortar un filete en raciones....... 143
Truco para salar la carne....................... 144
Truco para congelar carnes rojas.............. 144
Truco para cocinar y deshuesar cola de res...... 144

**Cola de res estofada al vino
con migas integrales crujientes
y puré de calabaza** 146
Truco para desangrar carnes para asar....... 148
Truco para aprovechar restos de carne
de un cocido o de un guiso.................... 149

**Canelones de ropa vieja gratinados
con queso** 150
Truco para curar carne......................... 152
Truco para calentar un guiso
en el microondas................................ 152
Truco para guisar carne........................ 152
Truco para elegir una pieza para guisar....... 153
Truco para hacer un rebozado más crujiente
y delicioso....................................... 153
Truco para disimular un hígado de ternera...... 154
Truco para preparar carne tártara............. 155

Carne tártara.. 156
Truco para espesar la salsa de un guiso.............. 158
Truco para saber si un filete está
cocinado.. 158
Truco para la salsa BBQ................................. 158
Truco para aprovechar los huesos
de ternera... 159
Truco para adobar carne de cerdo.................. 160
Truco para reblandecer carnes de cerdo.......... 160
**Escalopa de cerdo rellena con salsa
de curry**.. 162
Truco para resaltar el sabor de la carne........... 164
Filete mignon al vino tinto.............................. 165
Truco para limpiar una tabla manchada
con sangre... 166
Truco para cocinar morcilla............................. 166
Truco para confitar carne................................ 166
Truco para evitar que se seque la carne
en el horno.. 167
Truco para limpiar riñones.............................. 168
Truco para calcular los grados de cocción
óptimos... 168
Truco para asar un cabrito.............................. 169
Cabrito asado con ensalada verde............... 170
Truco para camuflar sesos.............................. 172
Truco para deshuesar y cocinar manitas
de cerdo.. 172
**Terrina de manitas de cerdo a la plancha
con salsa de vino y dados de papas
adobadas**... 174
Truco para despiezar un conejo....................... 176
Truco para deshuesar y rellenar una pierna
de pollo con muslo... 176
**Pollo relleno de hongos
con su salsa**.. 178
Truco para lavar aves..................................... 180
Truco para marinar pollo................................. 180
Truco para congelar aves................................ 180
Truco para escabechar codornices................... 181
**Codornices escabechadas
con sus verduritas, acompañadas**

de una ensalada de brotes.............................. 182
Truco para desplumar un pollo........................ 184
Truco para obtener una piel crujiente
cuando cocinas a la plancha............................ 184
Truco para rellenar un chile cuaresmeño
con una masa de carne................................... 184
Truco para asar un pollo entero....................... 185
Truco para marinar carne de caza.................... 186
Truco para desplumar una codorniz................. 186
Truco para cocinar un magret de pato.............. 186
**Magret de pato con salsa de frambuesas
y manzana ácida**.. 188
Truco para hacer virutas de foie...................... 190
Truco para cocinar foie a la plancha................. 190
Truco para preparar un rosbif.......................... 190
Truco para ablandar carnes de ave.................. 191

Mundo dulce

Truco para tamizar harinas
para bizcochos..194
Truco para preparar un bizcocho exprés............194
**Bizcocho de chocolate con helado
y fresas**..196
Truco para que un bizcocho quede
líquido en su interior.....................................197
Truco para hornear un bizcocho....................198
Truco para que el bizcocho quede
más esponjoso..198
Truco para que no se hundan los frutos
secos en un bizcocho.....................................198
Truco para evitar que suba el hojaldre............199
**Hojaldre con crema pastelera
y pera caramelizada**...................................200
Truco para montar crema................................202
Truco para montar bien una tarta
de diferentes capas...202
Truco para preparar mermelada casera............203
**Rollitos con mermelada casera
de naranja**...204
Truco para dar brillo al hojaldre
o a otros panes..206
Truco para trabajar la mantequilla..................206
Truco para conseguir el mismo grosor
en las galletas..206
Truco para convertir azúcar refinada
en azúcar glass...207

Truco para espolvorear y decorar
con azúcar glass...208
Truco para aprovechar el pan
del día anterior..208
Budín de pan perdido...............................210
Truco para hacer un glaseado para pasteles
y bizcochos...211
Truco para decorar un pastel..........................212
Truco para hacer una base de tarta.................212
Truco para dar forma a las tejas
de almendra...212
Truco para preparar mantequilla
de sabores..213
Truco para obtener enjambres
crujientes...213
Truco para aromatizar la crema pastelera.......214
Truco para saber si un flan está cocido...........214
Truco para preparar caramelo.........................214
Truco para que no se peguen los flanes
y los budines...215
Truco para que las galletas se conserven
crujientes...215
Truco para separar las yemas de las claras
con facilidad..216
Truco para evitar que salga espuma
al freír pan francés...216
Truco para hacer helado sin máquina
de helados...216
**Helado de queso crema con frutos rojos
y bizcocho de limón**...................................218

Truco para montar merengue 220

Truco para preparar mousse de galletas......... 220

Truco para derretir chocolate
en el microondas.......... 221

Truco para infusionar leche para
postres 222

Truco para hacer mousse de chocolate 222

**Mousse de chocolate con leche
con bizcocho de yogur** 224

Truco para derretir chocolate 226

Truco para glasear un pastel
con chocolate.......... 226

Truco para sustituir un rodillo.......... 226

Truco para equilibrar la acidez
del chocolate blanco.......... 227

Truco para obtener harina de chocolate.......... 228

Truco para sustituir el almíbar.......... 228

Truco para asar manzanas exprés.......... 228

**Manzana asada con mousse
de chocolate** 230

Truco para hacer salsa de frutas exprés 232

Truco para hacer sopa de fresas 233

**Sopa de fresas con helado
de queso**.......... 234

Truco para hacer helados de yogur
para niños 235

Truco para garapiñar frutos secos.......... 236

Truco para hacer croquetas dulces.......... 236

Truco para caramelizar frutas 237

Truco para aprovechar los plátanos
maduros 238

Truco para hacer requesón casero.......... 239

**Mousse de requesón casero
con miel** 240

Truco para sustituir una manga
pastelera.......... 242

Truco para hacer una nieve de vinagre
balsámico.......... 242

Truco para hacer toffee 242

Truco para fermentar pan sin levadura.......... 243

Pan de aceitunas negras.......... 245

Otros trucos

Truco para que el agua para cocer
pasta hierva antes.......... 248

Truco para saber si un espagueti
está cocido.......... 248

Truco para cerrar una empanada.......... 248

Truco para obtener un arroz
de color verde 249

Truco para colar un caldo.......... 249

Truco para hacer una bechamel 249

Truco para deglasar una salsa.......... 250

Truco para saber cuándo está caliente
el aceite 250

Truco para limpiar el caramelo
que ha quedado pegado en la cacerola.......... 250

Truco para limpiar una plancha
y que quede brillante 251

Cómo recuperar un sartén en el que
se pega cualquier alimento 251

Truco para mantener siempre los cuchillos
afilados.......... 251

Truco para transportar cuchillos afilados.......... 252

Truco para que brillen los platos
de color blanco 252

Truco para que no se oxiden los utensilios
de cocina.......... 252

Truco para disponer de moldes
muy económicos.......... 253

Truco para hacer la lista de la compra.......... 253

Truco para que un horno convencional
genere vapor 253

Índice alfabético.......... 254

¿Por qué un libro de trucos de cocina?

Los trucos en la cocina han existido durante toda la historia de la gastronomía, como, por ejemplo, conservar las verduras en vinagre para que duren mucho más tiempo, o incluso poner en sal tanto carnes como pescados para poder alargar su vida útil, ya que antiguamente no se disponía de refrigeradores; también destaca el hecho de lavar bien los productos y ponerlos en remojo antes de degustarlos. Algunos de estos trucos o técnicas todavía se siguen utilizando para salar el bacalao o incluso para elaborar los embutidos.

En nuestra vida cotidiana, a la hora de cocinar aplicamos infinitos trucos de cocina casi de forma instintiva (calentar el horno antes de introducir algún alimento, tapar el plato con plástico autoadherible antes de meterlo en el microondas). En este libro, gran parte de los trucos se han agrupado para que cocinar resulte más fácil. Gracias a estos trucos, conseguirás potenciar muchos sabores, cambiar la textura de muchos alimentos para que resulten más agradables, potenciar su color natural, cocinar algunos productos de una forma distinta a la habitual o incluso ganar tiempo a la hora de cocinarlos.

Las recetas que se aportan también nos enseñan a que las combinaciones de alimentos resulten mucho más acertadas para que la comida diaria sea mucho más divertida y variada. En mi cocina, los trucos son esenciales, ya que sin ellos la cocina de cada uno pierde parte de su identidad. No están todos los que son, pero sí gran parte de los que he ido aprendiendo durante mi ejercicio profesional. Todos ellos están redactados y comprobados desde mi experiencia en el mundo culinario.

La importancia de una alimentación variada

Es básico que nuestra alimentación resulte variada. Para ello, es necesario combinar los alimentos de una manera que nos aporten la cantidad necesaria de nutrientes diarios. En este sentido, se pueden establecer los siguientes grupos de alimentos:

• Lácteos: yogur, queso, leche
• Verduras y frutas: vegetales y frutas frescas de temporada
• Pescados y mariscos: pescados azules, blancos y mariscos
• Carnes: pollo, cordero, ternera, conejo, cerdo
• Leguminosas: legumbres
• Cereales y otros: pan, huevos, pasta, arroz

Lo ideal para estar sanos es combinar una alimentación variada con ejercicio físico. Es importante inculcar este modo de vida saludable a los más pequeños, ya que tendrá una influencia directa en su crecimiento. Cada familia de las anteriormente citadas aporta una serie de vitaminas y nutrientes, y no es conveniente abusar de ninguno de ellos. Lo ideal es hacer cinco comidas al día: desayuno, una pequeña toma a media mañana, comida, merienda y cena. Las ventajas de llevar una dieta equilibrada son muchas, aunque las principales serían que mejora el estado general, aumenta las defensas del cuerpo y previene enfermedades directamente relacionadas con el exceso o con el defecto de nutrientes. Desde este libro queremos mostrar cómo es posible combinar los alimentos para que tus comidas sean equilibradas, divertidas y variadas.

La importancia de los alimentos de temporada y de proximidad

Una de las maneras de aprovechar y disfrutar de la calidad de cada producto es comprarlo cuando está en su máximo esplendor, es decir, cuando es su temporada. Muchos están disponibles durante casi todo el año, pero todos y cada uno de ellos tienen su punto óptimo en una temporada específica del año. En este sentido, es muy interesante elaborar un calendario con la temporada idónea de cada producto, ya que esto nos ayudará a saber elegir nuestro menú diario. Al adquirir un producto de temporada, también compraremos a un mejor precio, ya que la producción es mucho mayor y su sabor y su textura serán óptimos para disfrutar de él. Muchas temporadas están marcadas por la zona geográfica, de manera que su estacionalidad puede oscilar dependiendo de ésta. Con esta acción también favorecemos al sector y al pequeño productor de nuestra zona que nos ofrece su producto; son los denominados productos de temporada y proximidad.

Los cocineros intentamos proteger al pequeño productor (que tiene una producción muy limitada, pero de una calidad sin igual) y, además, ayudamos a que se reactive la economía de la zona y a que aumenten los cultivos autóctonos. Con esta "pequeña" acción colaboramos a mejorar la calidad medioambiental de las ciudades, ya que se reduce la emisión de CO_2 procedente del transporte y de la producción. Cada vez son más los consumidores también conscientes de ello. Y desde estas líneas te animamos a consumir productos de temporada y de proximidad; tu cocina y los tuyos lo notarán.

Listado de utensilios

En las siguientes páginas verás algunos de los utensilios básicos de toda cocina que se precie. Ni son todos los que están, ni están todos los que son. Pero te servirá de guía para saber lo que puedes necesitar. En algunos casos, incluso te damos algún truco para que, con algún objeto casero, puedas tener o "fabricarte" un utensilio sin tener que comprártelo.

Símbolos utilizados en las recetas

 Dentro de este reloj verás dos cifras. La primera se corresponde con el tiempo de preparación de la receta y la segunda con el tiempo de cocción. Si el plato no necesita cocción, sino únicamente preparación, encontrarás entonces una sola cifra.

Junto a este tenedor se indica el número de comensales para los que se ha pensado al redactar la receta.

 Según los ingredientes utilizados, el precio de la receta puede ser bajo \$\$, medio \$\$ o elevado \$\$.

1. Chaira
2. Cuchillo chef
3. Cuchillo de verduras
4. Cuchillo mondador
5. Colador
6. Cucharón
7. Cortador cuadrado
8. Cortador redondo
9. Cuchara para helado
10. Cuchara *parisienne*
11. Espátula
12. Miserable
13. Batidor globo
14. Estuche de cuchillos

1

4

2

3

5

6

1. Freidora
2. Colador chino
3. Olla exprés
4. Sartén antiadherente pequeño
5. Sartén antiadherente grande
6. Cazo pequeño

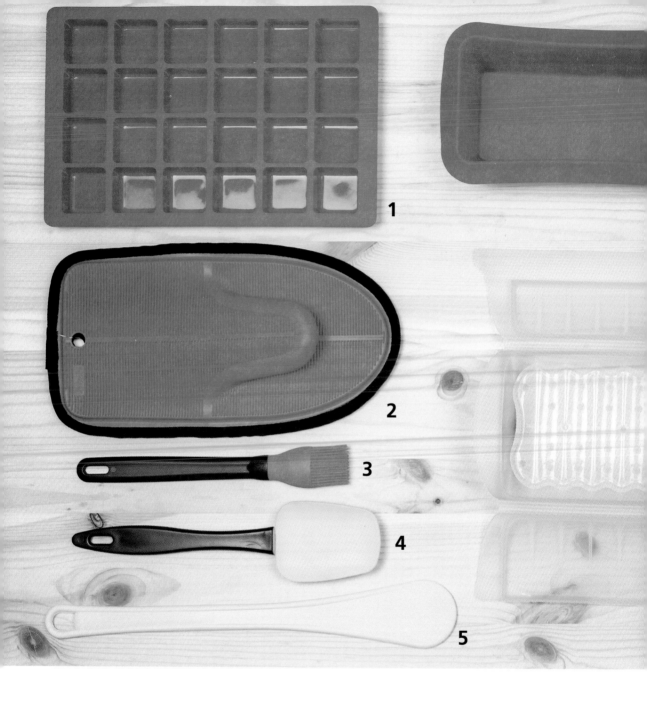

1

2

3

4

5

6

8

10

9

7

1. Molde de silicón para hielos
2. Guante protector de silicón
3. Brocha de silicón
4. Miserable de silicón
5. Espátula resistente al calor

6. Molde de silicón para panqué
7. Vaporera de silicón
8. Molde de vidrio
9. Molde de vidrio rectangular
10. Mandolina

1

2

3

5

4

6

7

8

9

10

11

12

1. Licuadora de inmersión
2. Espumadera
3. Descorazonador de manzanas
4. Rallador de trufa
5. Pelador de papas
6. Pelador de jitomates

7. Pinzas de emplatado
8. Mortero
9. Báscula de cocina
10. Salero y pimientero
11. Sifón
12. Carga para sifón

Verduras, frutas, lácteos y huevos

Truco para pelar jitomates con rapidez

Con este truco aprenderás a pelar un jitomate de la forma más eficaz y rápida que existe. Lo primero que debes hacer es poner un cazo de agua en el fuego y llevarla a ebullición; por otro lado, como puedes observar en la foto 1, practica un corte cruzado con la ayuda de un cuchillo mondador. Cuando el agua esté hirviendo, introduce los jitomates en el cazo y mantenlos dentro durante 30 segundos aproximadamente.

Por otro lado, prepara un recipiente con agua y hielo, donde debes introducir los jitomates para detener la cocción. De este modo, el jitomate no se cocerá ni se ablandará. Cuando los jitomates estén escalfados, podrás retirar la piel con mucha facilidad; empieza por la zona donde habías practicado el corte cruzado (foto 2).

1

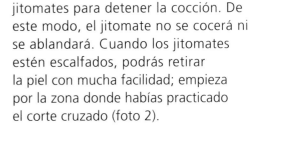

2

Si tienes tu propio huerto, como la cosecha viene de golpe, puedes conservar los jitomates en un lugar fresco y seco y colocarlos sobre una mesa o en el suelo, sobre papel de periódico, sin que se amontonen. De este modo, verás que aguantan varios días sin que se echen a perder.

Hoy en día en el mercado también hay un utensilio que se denomina pelador de jitomates. Es como un pelador de papas tradicional, pero con dientes para poder pelar fácilmente el jitomate. El jitomate pelado te roporcionará una textura más adecuada para las recetas y, sobre todo, quedarán mucho más finas. Este truco es extensible para cualquier tipo y variedad de jitomate (kumato, cherry, amarillo, etc.). Lo único que debes hacer es variar el tiempo de escaldado según su volumen; así, a menos volumen se necesitará menos tiempo.

Truco para conseguir agua de jitomate

El jitomate se puede preparar de diferentes formas, ya sea crudo o cocinado. Con este truco aprenderás a obtener el agua de vegetación del jitomate. Esta será útil para potenciar las distintas recetas.

Lo primero que necesitarás para poder emplear este truco es unos jitomates saladet maduros o bien jitomates bola. Estos últimos poseen más agua de vegetación en su interior. Lávalos bien e introdúcelos en el congelador.

Transcurridas unas horas, y cuando estos estén bien congelados, sácalos, y, sobre una tabla para picar, deja que se descongelen (foto 1). Observa que a medida que se vayan descongelando, la carne del jitomate irá perdiendo su textura para convertirse en agua pura (la fibra del jitomate desaparece por completo). Una vez estén totalmente descongelados, licúalos en una licuadora (foto 2) y déjalos escurrir en una manta de cielo, o filtro de café (foto 3). Deja que se filtre el agua por su propio peso sin estrujar la manta de cielo; este proceso durará al menos un par de horas.

Una vez obtengas el agua de jitomate, añade una pizca de sal y la tendrás lista para tus recetas. Puedes hacer gelatinas con ella, o incluso potenciar gazpachos; también es útil para elaborar vinagretas (foto 4).

Agua de jitomate y orégano con bacalao confitado

50'
15'

4
personas

$$\$\$\$$

Para la gelatina de agua de jitomate y orégano

- 6 jitomates maduros
- orégano al gusto
- 6 g de grenetina
- sal y pimienta

1. Congela los jitomates para obtener agua de jitomate; para ello, sigue las indicaciones del truco anterior.
2. Una vez obtenida el agua, añade el orégano y salpimienta.
3. Mezcla el agua con la grenetina en frío (agrega 3 g de grenetina por cada 100 ml de agua) y lleva a ebullición sin dejar de remover.
4. Cuando empiece a hervir, retira el recipiente del fuego y pasa el contenido a un molde circular para que cuaje. Cuando se enfríe, estará lista la gelatina de agua de jitomate y orégano. Resérvala.

Para el bacalao confitado

- 1 lomo de bacalao desalado
- aceite de oliva
- 1 diente de ajo

5. Pon el bacalao en el aceite de oliva que previamente habrás aromatizado con el ajo.
6. Confita por 15 minutos a fuego bajo sin dejar que el aceite llegue a hervir. Saca el bacalao del aceite y deja que se escurra.
7. Con mucho cuidado, ve desmenuzando el bacalao y resérvalo.

Ensalada de lechuga con *tapenade*

- 50 ml de aceite de oliva virgen
- 15 ml de vinagre de Jerez
- 1 cucharadita de *tapenade*
- brotes mixtos

8. Mezcla el aceite con el vinagre y el *tapenade* para preparar una vinagreta y adereza con ella la lechuga 5 minutos antes de servir. Resérvala.

Montaje

9. Pon la gelatina de agua de jitomate en el centro del plato, cubre toda la base con las lascas de bacalao (el bacalao desmenuzado) y adereza con la vinagreta. También puedes incorporar unos dados de jitomate natural.

Truco para que el jitomate no sea tan ácido

Uno de los mayores problemas o dificultades que se presentan al cocinar jitomate natural es su elevada acidez. La mejor manera de combatirla es con la ayuda del azúcar, que actúa sobre la acidez y la equilibra para que los platos queden perfectos.

Incorpora el azúcar cuando estés sofriendo el jitomate y no antes. Si, al acabar de cocinar el plato, adviertes que todavía está acido, también puedes añadir un poco más de azúcar para rectificar su sabor. Hay que ser prudente con la cantidad de azúcar que se añade.

Truco para hacer un gazpacho

Una de las sopas frías más conocidas mundialmente es el gazpacho. Con este pequeño truco sacarás el máximo partido y sabor a esta preparación. Pon todos los ingredientes en un tazón (jitomate maduro, pepino, pimiento verde, pan duro, aceite, vinagre de Jerez, sal, comino y agua) y deja que reposen en el refrigerador durante 24 horas. Transcurrido este tiempo, licúa la mezcla y verás cómo se ha potenciado el sabor del gazpacho gracias a la maceración en el refrigerador.

Truco para cocer papas enteras

Este truco es ideal para aprender a cocer papas enteras (con piel). Con este tipo de cocción, las papas quedan muy tiernas, y quedan perfectas para comerlas tal cual, hacer cremas o incluso como base para purés. Para empezar, lo más importante es escoger una variedad de papa adecuada. En este sentido, la papa alfa es perfecta,, ya que su cocción es rápida y es bastante sabrosa (foto 1).

En primer lugar, lava muy bien las papas en agua fría para retirar cualquier resto de tierra que pudieran contener. A continuación, llena una olla con agua fría y cuece las papas a fuego medio (no deben cocerse en agua caliente o hirviendo, puesto que quedarían duras) durante unos 40 minutos, dependiendo del tamaño de las papas (foto 2). Para comprobar si están cocidas, pincha

la papa con un cuchillo muy fino (foto 3). Si las pinchas en exceso, el agua se introduce en su interior, con lo que la papa acaba rompiéndose.

Es muy importante que las papas se enfríen a temperatura ambiente una vez que estén cocidas, puesto que si las introduces en el refrigerador, casi con toda seguridad quedarán duras. Tras seguir estos pasos, tendrás unas papas listas para elaborar un sinfín de recetas (foto 4). Como las papas suelen conservarse bien, es posible prepararlas.

Papas a la gallega con camarones al ajillo

50'
35'

2
personas

Para las papas
- 2 papas alfa
- aceite de oliva extra virgen
- páprika
- sal

1. Cuece las papas como se indica en el truco anterior. Cuando estén frías, córtalas en rodajas.
2. Vierte un poco de aceite de oliva en un sartén y, cuando esté caliente, incorpora las papas. Deja que se doren por ambos lados.
3. Retíralas del fuego y aderézalas con páprika, sal y aceite de oliva extra virgen.

Para los camarones al ajillo
- 4 camarones
- 1 diente de ajo
- 1 chile guajillo sin venas ni semillas
- aceite de oliva
- sal

4. Pela los camarones dejándoles la cola y retira el intestino.
5. Corta el diente de ajo en láminas y fríelo junto con el chile guajillo en aceite de oliva a fuego muy bajo para que el ajo no se queme (si ocurriera, estropearía el plato, ya que amargaría).
6. Sala los camarones y saltéalos con el ajo y el chile guajillo. Resérvalos.

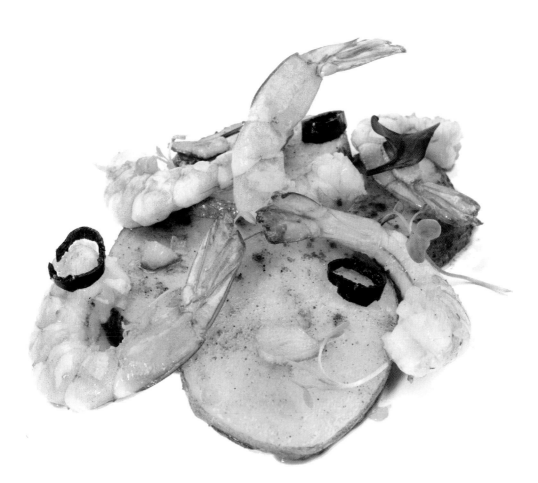

Montaje

7. Coloca una base de papas ya aderezadas en el fondo del plato y pon los camarones de manera que cubran las papas. Ten en cuenta de que, a pesar de ser una receta muy sencilla, es deliciosa y puedes quedar muy bien si tienes invitados.

Truco para hacer chips de papa

Para preparar chips, pela y lava muy bien las papas. Después, córtalas muy finas y sécalas con la ayuda de un trapo de cocina. Si las cortas con una mandolina, tendrás unos chips perfectos, con un corte fino y preciso. Pon aceite de girasol en un cazo y caliéntalo hasta que humee. Introduce las papas en pequeñas tandas para que no se peguen y se frían correctamente. Cuando estén doradas, ponlas en papel absorbente para eliminar el exceso de grasa y añade un poco de sal al gusto.

Truco para aromatizar calabaza de Castilla asada

Por lo general, la calabaza de Castilla suele cocinarse en el horno de una manera convencional, con un poco de aceite y sal, pero con este truco obtendrás una calabaza muy suave, aromatizada y saludable. Para ello, pela la calabaza y retira todas las semillas; después, córtala en dados y clava en ellos unas puntas de anís estrella. A continuación, envuelve la calabaza en paquetes de papel aluminio y hornéala a 160 °C durante 40 minutos. Transcurrido este tiempo, sácala del papel y tendrás una calabaza totalmente cocida y aromatizada lista para cualquier receta que necesites. Además, con esta cocción su color habrá permanecido inalterable.

Truco para aderezar una ensalada

Como existen muchas ideas acerca de la mejor manera de aderezar una ensalada, a continuación se explica un truco para hacerlo de una manera rápida y sencilla. En un tazón, pon la cantidad de aceite, vinagre y sal que desees, y, con la ayuda de un batidor globo, bate enérgicamente para que se mezclen bien todos los ingredientes. De esta manera tendrás el aderezo perfecto y listo para ponerlo en la ensalada, sin que te haga dudar qué ingrediente hay que poner en primer lugar.

Truco para cocer coliflor sin malos olores

A menudo nos da pereza cocinar algunos alimentos por las molestias que puede causar; en este caso, la coliflor suele ser una de las perjudicadas en los hogares por su olor a la hora de cocinarla. Pero a pesar de su olor, se trata de una verdura con un fantástico sabor y una gran versatilidad. También es una de las hortalizas más sanas del mercado, por lo que deberías cocinarla a menudo.

Para evitar el olor de raíz, debes poner la coliflor en una olla con abundante agua y añadir una rama de apio (foto 1).

Cuece todo junto y tapa la olla durante la cocción; el apio eliminará el olor de la coliflor y evitará que se extienda por toda la casa (foto 2).

Otro pequeño truco consiste en cocerla en leche, también con una rama de apio. Así obtendrás una verdura más blanca, que además no sufrirá ningún tipo de oxidación. Una vez cocida la coliflor, podrás elaborarla de mil maneras, gratinada con queso y bechamel, salteada con ajos y jamón ibérico, aderezada en ensalada con vinagreta de frutos secos, etc.

Para saber si la coliflor está perfectamente cocida pínchala con un palillo, y si se clava con facilidad quiere decir que ya está lista. También puedes ponerla en agua con hielo para que no se pase y quede demasiado blanda. No obstante, si observas que se ha pasado, ten en cuenta que es perfecta para una crema de coliflor.

Para que la coliflor mantenga su color blanco, evita cocerla en una olla exprés. En cualquier caso, al finalizar la cocción puedes añadir un poco de jugo de limón para que quede blanca y firme.

Truco para pelar fácilmente los pimientos después de asarlos

Muchas veces, al asar pimientos morrones en el horno, ya sean verdes o rojos, hay que enfrentarse al problema de pelarlos. Con este truco tan sencillo reducirás a la mitad el tiempo que te llevaría pelarlos de la manera habitual.

1. Pon los pimientos a asar con sal, aceite y un poco de agua (para que no se quemen por debajo de la charola para hornear) y hornéalos a 170 °C durante 25 minutos.

2. Una vez que estén asados, tápalos con un trapo de cocina y déjalos reposar durante otros 25 minutos (foto 1). Transcurrido este tiempo, el pimiento ya habrá sudado y la piel se habrá desprendido de la carne, de manera que será muy fácil pelarlos (foto 2).

Otro de los trucos que puedes utilizar es asarlos envueltos en papel aluminio para que los pimientos se cocinen casi al vapor, con lo que conseguirás el efecto del trapo de cocina, aunque el resultado no será el mismo, ya que el color que adquiere el pimiento a la hora de asarlo al natural no se obtiene al asarlo en el papel aluminio.

Para asegurarte de que los pimientos que vas a comprar están frescos, comprueba su color, que tiene que ser brillante e intenso, y su piel, que tiene que ser dura y sin golpes. Puedes conservarlos en el refrigerador, pero si los vas a consumir crudos, no dejes pasar muchos días.

Una vez pelados, la mejor manera de comer los pimientos es con un aderezo preparado con un ajo pelado y picado y un buen chorro de aceite de oliva extra virgen.

Truco para asar berenjenas

Lo primero que debes tener en cuenta si deseas asar berenjenas es elegirlas bien a la hora de comprarlas. Las berenjenas deben tener una piel lisa; las arrugas indican que la berenjena no está demasiado fresca. Asimismo, su color debe ser intenso y no debe tener ninguna mancha marrón (foto 1). Para asarlas, córtalas por la mitad a lo largo y practica unos cortes cruzados profundos (foto 2). Espolvorea con abundante sal y déjalas boca abajo en una bandeja; con ello se elimina todo el líquido amargo que las berenjenas contienen en su interior (foto 3). Una vez escurridas, ponlas bajo el grifo y rocíalas con un chorro de limón exprimido para que las berenjenas no se oxiden y, por último, con aceite de oliva (foto 4).

Precalienta el horno y asa las berenjenas a 165 °C durante 30 minutos, aproximadamente (según el tamaño). Transcurrido este tiempo, retíralas del horno; ya están listas para comer. Una buena señal de que están perfectamente asadas es pasar una cuchara por la carne, que se desprenderá con facilidad sin necesidad de hacer ningún tipo de esfuerzo. Asimismo, la piel cambia a una tonalidad totalmente oscura y, al perder toda el agua, su volumen se reduce a la mitad.

Berenjenas gratinadas rellenas de carne boloñesa

2
personas

Para las berenjenas
- 2 berenjenas
- jugo de limón
- aceite de oliva
- sal

1. Asa las berenjenas siguiendo las indicaciones del truco anterior. Una vez asadas, quítales la mitad de la pulpa y deja la otra mitad en la misma berenjena para que haga de base.

Para el relleno de carne boloñesa
- 1 cebolla picada
- 2 zanahorias picadas
- 150 g de carne molida de ternera
- 100 g de carne molida de cerdo
- 1/4 de taza de salsa de jitomate
- orégano
- sal y pimienta

2. Acitrona la cebolla con las zanahorias, y, cuando estén blandas, añade la carne molida, que previamente habrás salpimentado. Cuécela hasta que esté cocida e incorpora la salsa de jitomate. Pasados unos minutos, añade la pulpa de berenjena que habías retirado, bien picada, y el orégano. Déjalo cocer unos minutos más y reserva.

Para la bechamel

- 500 ml de leche
- 70 g de mantequilla
- 60 g de harina
- nuez moscada rallada
- queso rallado para gratinar
- sal y pimienta

3. Lleva a ebullición la leche, y, en otro recipiente, derrite la mantequilla. A continuación, agrega la harina a la mantequilla y deja que se cueza durante unos instantes. Incorpora la leche caliente, sin dejar de remover, hasta que obtengas la textura espesa.
4. Añade sal, pimienta y nuez moscada, y reserva.

Montaje

5. Antes de montar el plato, rellena las berenjenas con la mezcla del sofrito, vierte por encima la salsa bechamel, espolvorea con un poco de queso rallado y gratina durante 9 minutos a 200 °C. Para montar el plato, pon un poco de salsa de jitomate en la base y coloca encima las berenjenas gratinadas.

Truco para caramelizar cebolla

Este truco te permitirá agilizar la forma de caramelizar la cebolla. Esta hortaliza por naturaleza tiene una gran cantidad de agua, de manera que cuando se corta en juliana y se acitrona (cuando se cocina lentamente) tiende a soltar toda su agua; así, si la dejaras a fuego muy bajo, poco a poco ella misma terminaría caramelizándose.

Gracias a sus azúcares naturales, la cebolla puede caramelizarse a pesar de su alto contenido en agua. Lo que ocurre es que este proceso requiere mucho tiempo, ya que tardaría alrededor de 30-40 minutos.

Para aligerar el proceso, corta la cebolla en juliana (en tiras muy finas) y acitrónala en aceite de oliva (foto 1). Una vez que esté transparente, añade una cucharada de azúcar (foto 2) o, en su defecto, una cucharada de miel y déjala cocer sin dejar de remover para que no se queme. Deberías tener cuidado de que no tome excesivo color, ya que podría llegar a amargar. Con este pequeño truco tendrás la cebolla perfectamente caramelizada en la mitad del tiempo que de forma natural.

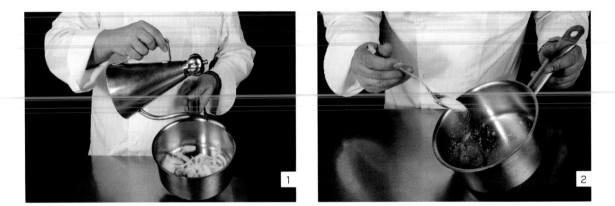

Truco para limpiar un poro

Los poros son una verdura que, por lo general, en su interior, entre sus capas, albergan tierra. Si no se limpian adecuadamente, es probable encontrar tierra en la preparación. Para evitarlo, practica un corte en forma de cruz en la parte trasera, que es donde más impurezas suele tener. A continuación, pon el poro bajo del grifo y frótalo para que caiga la tierra, que desaparecerá por completo. También es recomendable que una vez picado lo vuelvas a lavar para evitar sorpresas desagradables.

Truco para cocinar *calçots* en casa

Los *calçots*, o poros tiernos, son una preparación tradicional de Cataluña, España, en la cual éstos se asan a la leña (foto 1). Estas hortalizas pueden prepararse igualmente en casa. Normalmente, los *calçots* no se limpian antes de asarlos, algo que sí debe hacerse si se van a preparar de forma casera (foto 2).

1. Envuelve los *calçots* en papel aluminio. Debes colocar en cada paquete un mínimo de tres, que deben quedar bien presionados.
2. Pon una plancha en el fuego y, cuando esté bien caliente, coloca los paquetes con los *calçots* y deja que tomen color, lo que te llevará unos 5 minutos como mínimo por cada lado (foto 3).
3. A continuación, hornéalos durante 30 minutos. Con esto conseguirás cocinarlos como un empapelado, con sus propios jugos.
4. Sácalos del horno, quita el papel aluminio y ya estarán listos para comer (foto 4).

En tiendas especializadas se venden unas máquinas de humo eléctricas que sirven para ahumar. Si tienes una, puedes ahumar los *calçots* antes de cubrirlos con el papel aluminio. Con ello conseguirás el efecto humo que le da un toque y un sabor característicos.

A pesar de que los *calçots* son un producto de temporada, es posible encontrar en el mercado varias verduras semejantes, como la cebolla de cambray o el poro, con los que también se puede obtener una receta perfecta.

TRUCO con RECETA

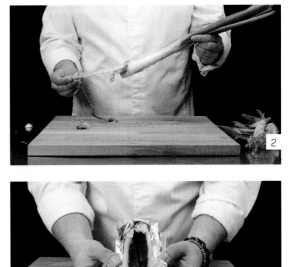

Calçots con salsa romesco

2
personas

Para los *calçots*
- 4 *calçots* o poros tiernos
- aceite de oliva
- sal

1. Asa los *calçots* como se ha explicado en el truco anterior. Límpialos bien, pero no retires las hojas de fuera. De este modo, al pelarlos, solo comerás la parte interior y desecharás el resto.

Para la salsa romesco
- 1 cabeza entera de ajos
- 100 g de almendras (u otro fruto seco)
- 4 jitomates maduros
- 2 chiles cascabel sin venas ni semillas
- 40 g de pan duro
- 250 ml de aceite de oliva
- 100 ml de vinagre de Jerez
- páprika
- sal

2. Asa los ajos a fuego medio en el horno y retírales la piel. Reserva.

3. Tuesta las almendras e introdúcelas en el horno con los jitomates, los chiles cascabel, previamente hidratados en agua, y el pan duro.

4. Cuando esté lista, pasa la preparación por la licuadora para que quede una masa homogénea. Ve añadiendo el aceite de oliva y el vinagre y emulsiona con la ayuda de la licuadora para que quede una salsa más esponjosa. Añade una pizca de sal y pimentón.

Montaje

5. Pela los *calçots* y, mientras todavía estén bien calientes, colócalos en el plato. Pon en un lado la salsa romesco para acompañar. También se pueden acompañar con una vinagreta de aceite y frutos secos.

Truco para encurtir cebolla morada

Con este truco, y de una manera muy sencilla, podrás encurtir cebolla en unos instantes. Para ello, necesitarás la ayuda de una envasadora de sellado al vacío; las que venden en las tiendas de electrodomésticos son perfectas para estas elaboraciones. En primer lugar, corta la cebolla morada en rodajas muy finas. Para preparar el vinagre para encurtir las cebollas, mezcla 3 partes de vinagre por 1 de agua.

Envasa la cebolla al vacío en una bolsa con la mezcla de vinagre y deja que repose un par de horas. Cuando abras la bolsa, la cebolla ya estará perfectamente encurtida; además, su color será muy intenso, lo que indicará que el encurtido ha quedado perfecto. La cebolla encurtida se conserva hasta dos semanas en el refrigerador.

Truco para evitar llorar mientras picas cebolla

Todo el mundo ha llorado alguna vez mientras pica una cebolla. Del mismo modo, para evitarlo, existen distintos trucos, algunos de ellos ineficaces, como mojar la cebolla, y otros surrealistas, como ponerse unas gafas de buceo.

Sin embargo, lo único que tienes que hacer es intentar picar la cebolla de una sola vez y tratar de no machacarla, sino que los cortes tienen que ser limpios y finos, de lo contrario, la cebolla empezará a sacarsus jugos, lo que nos hará llorar.

Truco para preparar una compota de cebolla

Si tienes tu propio huerto y, en consecuencia, una cosecha abundante de cebollas, puedes preparar una compota de cebolla para acompañar tus platos de carne.
Para ello, pela y corta en rodajas unos 400 g de cebollas y sofríelas en aceite de oliva. Añade unos 120 ml de vino tinto y 25 g

de azúcar, y remueve durante unos minutos. A continuación incorpora 50 ml de vinagre de vino tinto, 20 g de miel y sal al gusto. Deja cocer durante unas 2 horas y remueve de vez en cuando. Una vez terminada la cocción, introduce la compota en un frasco esterilizado y ciérralo herméticamente.

Truco para hacer crema de ajo

Este truco te ayudará a cocinar los ajos. Muchas veces se suele poner el ajo directamente en las elaboraciones, cuando se tiene que cocinar poco a poco porque cuando tome excesivo color, por lo general suele amargar, de ahí el dicho que afirma que el ajo quemado amarga.

Para que no te ocurra esto, se puede hacer una crema de ajo para usarla al final en todas las preparaciones.

1. Pon los ajos enteros, incluida la piel, en una cacerola y cúbrelos con aceite de girasol. Cuécelos a fuego muy bajo y tapa la cacerola con un trozo de papel encerado para que el aceite no salpique cuando los ajos estén confitándose.

2. Una vez que estén confitados, pélalos. Observarás que la piel se retira con mucha facilidad (fotos 1 y 2). Con la ayuda de un mortero, machácalos hasta que obtengas una pasta (crema) de ajo, que podrás sustituir por el ajo natural (foto 3).

Esta pasta se puede conservar en refrigeración varios días. Usa esta elaboración siempre al final y cuando el plato esté fuera del fuego, ya que si esta pasta se quema, amargará.

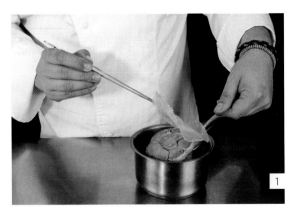

Truco para que no germinen las cebollas

Por lo general, si no se conservan en un lugar adecuado, las cebollas suelen germinar, lo que hace que no se puedan aprovechar para cocinar. Para evitarlo, consérvalas en un sitio seco y fresco. Si las introduces en un armario, que es un lugar cálido y húmedo, germinarán con mucha rapidez. Si, por el contrario, las conservas en un sitio oscuro y fresco (tipo bodega o sótano), su vida útil se alargará de manera considerable. Si no disponemos de ninguno de esos sitios, sobre todo en los meses de calor, es recomendable conservarlas en el refrigerador.

Truco para evitar que las manos huelan al limpiar ajo

Con este truco, evitarás el molesto olor a ajo en las manos cuando los limpias. En primer lugar, coloca el ajo sobre una tabla y, con la parte lateral de la hoja de un cuchillo, dale un leve golpe, con el que romperás la piel; después, con mucho cuidado, desliza el cuchillo de abajo arriba, evitando que entre en contacto con él. También es importante que no queden restos de ajo en las uñas, ya que resultará más difícil de eliminar. Si, a pesar de todo, aún quedan restos de olor, lávate las manos con agua fría y frótatelas con medio limón.

Truco para sazonar el ajoblanco

El ajoblanco es una de las sopas frías más conocidas y sanas de la gastronomía española. Se elabora con almendras, agua, aceite, ajo, pan duro y vinagre de Jerez. Con este truco conseguirás que no domine el sabor a ajo, y que no quede fuerte.

En primer lugar, escalda el ajo en agua, operación que repetirás 4 veces en aguas diferentes, y deja macerar todos los ingredientes durante 24 horas en el refrigerador. Transcurrido este tiempo, licúa la preparación y rectifica su sabor con el vinagre de Jerez. Pon sal al gusto y tendrás el ajoblanco listo para comer.

Truco para cocinar y limpiar ajos

Este truco te ayudará a no perder tanto tiempo limpiando ajos y pelándolos. Separa los dientes de ajo y ponlos en un tazón de agua fría. Puedes añadir unos cubitos de hielo para que el agua esté más fría (foto 1) y el frescor se mantenga durante más tiempo. Transcurridos 20 minutos, la piel de los ajos se habrá hidratado y te resultará mucho más fácil pelarlos (foto 2).

Si vas a cocinar ajo, este truco te irá perfecto. Corta el ajo en láminas del mismo grosor y cuécelo, partiendo siempre de aceite frío para que se vaya cocinando poco a poco. Ten cuidado de que no se queme o tome demasiado color, ya que amargaría y desvirtuaría el sabor de la preparación que te dispongas a elaborar. Los ajos se pueden confitar y conservar sin ningún problema.

Truco para que el poro sea más digerible

TRUCO SANO

El poro es una de las hortalizas más usadas en las cocinas, pero es importante usarlo correctamente para que resulte digerible. Esta hortaliza está constituida por una parte de color blanco y otra de color verde, y es ésta la que es poco digestible. Para que se pueda digerir mejor, límpialo bien y retira la parte verde; puedes conservarla para preparar caldos o guisos. Cocina la parte blanca, que es la más fácil de digerir. Para limpiarlo bien, abre el poro, ya que en sus múltiples capas suele haber tierra, que resulta muy desagradable encontrar en las preparaciones.

Truco para conservar perejil o cebollín

Con este truco aprenderás a conservar hierbas aromáticas en manojos. Por lo general, suelen ponerse en agua, aunque no se trata de la forma más adecuada de conservarlas. La mejor manera es con la ayuda de papel absorbente. Humedécelo un poco y enrolla el manojo de perejil o de cebollín con él; a continuación, vuélvelo a enrollar en plástico autoadherible y consérvalo en el refrigerador. De esta manera tendrás durante más tiempo unas hierbas frescas y listas para usar. No es conveniente congelarlas, ya que pierden todas sus propiedades.

Truco para hacer aceite de albahaca

Si dispones de un pequeño jardín de hierbas aromáticas, puedes aromatizar el aceite de oliva con las hierbas que más te gusten: albahaca, romero, tomillo, estragón, hinojo... Para preparar un aceite de albahaca, lava y seca unas ramas frescas de albahaca. Introdúcelas en un frasco con dos litros de aceite de oliva y añade una cabeza de ajo (pélala completamente). Si deseas que el sabor sea más fuerte, puedes añadir un echalote. Tapa el frasco y déjalo macerar durante unos dos meses sin que le dé la luz directamente. Obtendrás un aceite delicioso para aderezar tus ensaladas.

Truco para preparar tempura de verduras

Uno de los rebozados por excelencia en las cocinas orientales es el tempura. Gracias a la globalización de la gastronomía, esta técnica ya es muy habitual en la cocina mediterránea. Con estos pequeños trucos conseguirás un tempura crujiente y en su punto. Para ello, hay que comprar harina especial para tempura. Se trata de una mezcla de harina de trigo y harina de maíz (foto 1). Para una correcta preparación del producto, hay que verter el agua a la harina y no al revés (foto 2), ya que así puedes comprobar mucho mejor la textura y evitarás preparar grandes cantidades. Al verter el agua a la harina, tienes que remover continuamente con la mano, para evitar que queden grumos, ya que esta preparación debe quedar muy fina (foto 3); incluso se puede pasar por un colador fino si crees que la textura no es la adecuada. Para preparar un buen tempura, usa agua fría para mezclarla con esta harina. La preparación tiene que estar bien fría, para que, cuando entre en contacto con el aceite caliente, quede muy crujiente. Si empleas agua a temperatura ambiente, tienes que añadir unos cubitos de hielo para enfriarla (foto 4).

Una vez obtenida la masa, pasa por ella lo que prefieras: verduras, mariscos, quesos, etc. y fríelos en un cazo con abundante aceite muy caliente. Para freír, tras pasar la pieza por el tempura, debes acercarla al aceite y aguantarla para que haga base con el fin de que, con el peso, no se pegue en el fondo del cazo.

Por último, retira el exceso de aceite poniendo la pieza en papel absorbente.

Verduras en **tempura** con **camarones** y mayonesa de soya

2 personas

Para las verduras
- 4 trozos de calabacita cortados a lo largo (a modo de bastones)
- 10 tiras de pimiento rojo
- 10 tiras de pimiento verde
- 3 rodajas de berenjena
- 3 champiñones
- 3 jitomates cherry

1. Corta las verduras como se indica: la calabacita en bastones, el pimiento rojo y verde en bastones más largos y la berenjena en rodajas. Ensarta los champiñones y los jitomates cherry en una brocheta de madera para freírlos con más facilidad sin que te manches.

Para la harina de tempura
- 100 g de harina de tempura
- 30 ml de agua fría
- 3 cubitos de hielo
- sal y pimienta

2. Pon en un tazón la harina, y ve añadiendo el agua fría poco a poco para obtener una textura semejante a una mayonesa un poco ligera. La cantidad de agua es orientativa, ya que todas las harinas de tempura no tienen la misma composición. Puedes agregar cubitos de hielo para conservarla bien fría.
3. Salpimienta y reserva.

Para los camarones
- 3 camarones crudos

4. Pela los camarones, dejándoles la cola, y ensártalos en un palillo atravesándolos enteros. Con ello conseguirás que, al freírlos, no se encojan con el calor y obtengas unos camarones estirados y bonitos.

Para la mayonesa de soya
• 100 g de mayonesa
• 20 ml de salsa de soya

5. Mezcla la mayonesa con la salsa de soya. Remueve bien para obtener una salsa homogénea y resérvala.

Montaje
6. Fríe las verduras y los camarones en aceite bien caliente. Cuando estén dorados, retíralos y escúrrelos en papel absorbente. Colócalos en un plato y acompáñalos con la mayonesa.

Truco para hacer aceite de perejil

Muchas recetas requieren aceite y perejil. Con este truco obtendrás un aceite con la esencia y el color del perejil, y podrás destacar el colorido y sobre todo el sabor. Para ello necesitarás un buen manojo de perejil fresco.

1. En primer lugar, lávalo y desinféctalo para evitar cualquier impureza de tierra o insecto que pudiera estar en el manojo. Después, retira las hojas. Solo precisas las hojas, pues el tallo es demasiado duro y entorpecería la elaboración.

2. A continuación, lleva a ebullición un cazo con agua, y una vez esté a punto de hervir, sumerge las hojas de perejil durante 30 segundos, aproximadamente. Una vez blanqueadas, pásalas a un tazón con agua y hielo para detener la cocción y conservar el color verde. Saca las hojas del agua y sécalas con papel absorbente.

Entre las variedades de perejil cultivadas por sus hojas y que sirven para condimentar o aromatizar, encontramos el perejil común, de hojas planas y algo recortadas, y el más perfumado, y, por otro lado, el perejil chino, que se utiliza principalmente como guarnición y decoración, pues es el menos gustoso.

3. Después, licúalas con aceite de girasol (foto 1). Es importante que sea de girasol porque tiene un sabor neutro que no dominará el sabor del perejil; si usaras aceite de oliva predominaría su sabor, algo que no interesa. Licúa bien hasta que obtengas un aceite completamente verde. Si lo deseas, puedes colarlo para que no quede ningún grumo. Por último, añade sal y tendrás el aceite para cocinar lo que quieras (foto 2).

Truco para vaciar una calabacita

Las calabacitas son una hortaliza muy común en todos los mercados, se encuentran con facilidad y se pueden preparar de muchísimas formas (foto 1).

que al cocerla se desmoronaría. Para vaciarla, debes dejar siempre un margen de carne y piel para que no se rompa (foto 3). Asimismo, puedes vaciarla con un cuchillo pequeño, redondeando la zona de carne y sacándola con la ayuda de una cuchara. No obstante, con este sistema se corre el riesgo de romperla.

Otro pequeño truco consiste en vaciarla siempre antes de cocerla, ya que de este modo la pulpa de la calabacita se puede emplear para otra receta, como una crema o una salsa, o incluso se puede picar y aderezar para rellenar la propia calabacita (foto 4).

Este truco te enseña a vaciarlas de una manera muy sencilla. En primer lugar, corta la calabacita en forma de taburete o pilar, es decir, más o menos en cuatro partes iguales (foto 2), y después, con la ayuda de una cuchara *parisienne* (utensilio que se suele utilizar para sacar bolas de frutas como el melón o la sandía, aunque también se puede usar con tubérculos), vacía la calabacita con mucho cuidado de no romper las paredes, ya

Calabacita rellena de morcilla

Para las calabacitas
- 2 calabacitas
- agua
- sal

1. Corta cada calabacita en 4 taburetes y vacíalos como se ha explicado en el truco anterior. A continuación, lleva a ebullición agua y sal, y, cuando comience a hervir, introduce las calabacitas y deja que se cuezan durante 10 minutos, aproximadamente (depende del grosor).
2. Sácalas e introdúcelas en un tazón que contenga agua, hielo y sal. De este modo conseguirás detener la cocción.
3. Una vez frías, escúrrelas bien y colócalas sobre una bandeja cubierta con papel antiadherente. Resérvalas.

Para el relleno de morcilla
- 200 g de morcilla
- piñones al gusto
- 60 ml de crema líquida

4. Desmenuza la morcilla con las manos y ponla en un cazo junto a los piñones, que previamente habrás tostado. Enciende el fuego y remueve continuamente con una cuchara. Cuando la morcilla empiece a deshacerse y a cambiar de tonalidad (más oscura), añade la crema líquida y sigue removiendo para que no se pegue.
5. Cuando la crema se haya mezclado bien con la morcilla y los piñones y tengas una masa homogénea, retírala del fuego y rellena las calabacitas. Resérvalas.

Para la bechamel
- 500 ml de leche
- 70 g de mantequilla
- 60 g de harina
- nuez moscada rallada
- queso rallado para gratinar
- sal y pimienta

6. Lleva a ebullición la leche y, en otro recipiente, derrite la mantequilla. Agrega la harina al recipiente de la mantequilla, deja que cueza bien e incorpora la leche caliente, sin dejar de remover, hasta que obtengas una bechamel con una textura ideal para napar (cubrir) las calabacitas. Agrega sal, pimienta y nuez moscada y vierte la bechamel sobre las calabacitas.

Montaje
7. Cubre las calabacitas con la bechamel y espolvorea por encima un poco de queso rallado.
8. Hornea a 190 °C unos 10 minutos.
9. Saca las calabacitas del horno y coloca sobre un plato blanco tres piezas para servirlas.

Truco para conservar el color de las verduras al cocinarlas

Uno de los problemas que presentan las verduras cuando se cocinan suele ser que pierden un aspecto que resulta muy apetecible: el color. Esto sucede por diversas causas. Una de ellas suele ser la oxidación cuando las verduras están en contacto con el aire durante mucho tiempo sin su capa protectora (la piel), momento en que suelen empezar a ennegrecerse.

Otro de los factores es la sobrecocción; así, cuando una verdura se cocina durante un largo tiempo, pierde su color natural, sobre todo aquellas que son verdes y que terminan siendo marrones. Color y calor no suelen llevarse muy bien. Pero para eso existe un truco.

Otra solución consiste en que lleves el agua de cocción a ebullición y cuezas las verduras (foto 1). Una vez cocidas, pásalas a un tazón con agua y hielo para detener la cocción y evitar que la verdura siga cociéndose (foto 2). De este modo tendrás unas verduras con un bonito y apetecible color verde.

Para evitar la oxidación natural de las verduras, introduce las verduras peladas en un tazón con agua y limón, y con esto evitarás la oxidación. También puedes sustituir el limón por perejil fresco.

No dudes en probarlo, porque, aunque se trata de un truco que en las preparaciones del día a día familiar quizá no es habitual o te puede dar pereza, unas verduras presentadas con su auténtico color pueden resultar mucho más apetitosas. Los niños te lo agradecerán, y si preparas unas verduritas como acompañamiento en una fiesta familiar o una cena con amigos, también.

Truco para que no se oxiden las alcachofas

La temporada de la alcachofa es de agosto a noviembre. Es una verdura muy apreciada, pero al cocinarla, el problema es que se oxida y queda negra. Si sigues estos pequeños trucos, conseguirás unas alcachofas apetecibles y de un bonito color verde (foto 1).

Existen diversos trucos para que las alcachofas no se oxiden. Uno de ellos es que cuando las estés limpiando, quitando las hojas exteriores, tengas a mano un tazón con agua y jugo de limón o, en su defecto, un tazón con agua y un buen puñado de perejil (el limón y el perejil son unos antioxidantes muy eficaces) para introducir en él las alcachofas una vez que las hayas limpiado (foto 2). En el momento de cocinarlas solo tienes que sacarlas del agua, y ya habrán conservado su color.

La segunda opción es hacer una blanqueta. Puede hacerse de dos maneras diferentes. La primera consiste en llenar de agua el recipiente donde las vas a cocer y añadir sal, un limón cortado en cuartos y dos cucharadas de harina de trigo (foto 3).

La blanqueta también se puede hacer mezclando agua con leche y sal para luego cocer las alcachofas en esta preparación. En este caso no agregues limón, ya que se cortaría la leche y quedaría agria (foto 4). Es importante limpiar bien las alcachofas antes de cocinarlas, ya que las capas exteriores son duras y fibrosas y pueden no quedar en su punto a la hora de cocerlas.

Alcachofas en salsa verde

40'
30'

3
personas

Para las alcachofas
- 12 alcachofas
- agua
- perejil
- sal

1. Limpia bien las alcachofas. Al mismo tiempo que las vas limpiando, introdúcelas en un tazón con un chorro de jugo de limón. A la hora de cocinarlas, ponlas en agua con sal y una rama generosa de perejil.
2. Cuécelas unos 30 minutos, según el tamaño de la alcachofa. Comprueba si están cocidas, pinchándolas con un palillo.
3. Pásalas a un tazón con agua con hielo y resérvalas hasta el momento de utilizarlas.

Para la salsa verde
- 1 cebolla
- 2 dientes de ajo
- 1 cucharada de aceite
- harina
- 1/2 tacita de vino blanco
- 1/2 taza de caldo de verduras
- perejil picado finamente
- unas cuantas rebanadas de jamón ibérico
- sal

4. Pica la cebolla y el ajo finamente, y acitrónalos en el aceite. No dejes que tomen color, ya que se oscurecería la salsa.

5. Añade una cucharada de harina, cuécela con la verdura y agrega el vino blanco, para aromatizar la salsa. Incorpora el caldo de verduras (para una receta de pescado añade fumet), deja que cueza unos minutos y cuando la salsa esté lista, agrega el perejil picado (justo antes de servir la salsa, ya que si lo incorporas antes se cocerá en exceso, quedará oscuro y estropeará el color de la salsa). Agrega sal y resérvala.

Montaje

6. Corta las alcachofas en cuartos y agrégalas a la salsa bien caliente. Déjalas unos minutos en el fuego hasta que se calienten bien y sírvelas en un plato sopero con abundante salsa. Corona con unas finas rebanadas de jamón ibérico.

Truco para cocer espárragos blancos

Es frecuente preguntarnos, sobre todo cuando es temporada, cómo se cocinan correctamente los espárragos blancos. Es muy fácil. En primer lugar, pela el espárrago con la ayuda de un pelador de papas. Con esta operación, eliminarás la parte más dura del mismo. A continuación, cuécelos en 1/2 litro de agua, mezclada con 1/2 litro de leche, y añade 2 cucharadas de azúcar para eliminar el amargor. Deja que se cuezan durante 10-15 minutos, dependiendo del grosor, y, si tienes un manojo, únelos con una cuerda. Por último, enfríalos en agua, hielo y sal, y los tendrás listos para servir.

Truco para que las espinacas queden crujientes

Las espinacas son una verdura muy versátil y común en las cocinas domésticas. Con este truco conseguirás que queden tan crujientes como unas papas fritas.

En primer lugar, lávalas muy bien y sécalas para evitar que quede cualquier resto de agua. En un sartén, pon bastante aceite y, cuando empiece a humear, incorpora unas hojas de espinacas. Ten cuidado, ya que la diferencia de temperatura hará que el aceite salte. Saltéalas unos 30 segundos y ponlas sobre papel absorbente. Habrán quedado tan crujientes que las podrás comer de aperitivo o las podrás emplear para acompañar alguna receta.

Truco para refrescar menta

Es habitual que la menta o la hierbabuena queden marchitas unas horas después de comprarlas. Con este pequeño truco conseguirás que las hierbas recuperen su textura y no pierdan su llamativo color.

En primer lugar, corta las hojas con las manos, ya que si usaras un cuchillo la menta se oxidaría con más facilidad. Después, ponlas en un tazón con agua con hielo y déjalas en él un máximo de 4 horas. Así conseguirás que las hojas recuperen su textura y su color.

Truco para preparar cuscús vegetal

El cuscús es un plato tradicional del Magreb elaborado a base de sémola de trigo. Con el truco que te proponemos, podrás emular al cuscús pero utilizando verduras. Este cuscús vegetal, fresco y crujiente, es ideal para acompañar tanto pescados como carnes, o cualquiera de las habituales ensaladas. Este falso cuscús consta de tres verduras: coliflor, brócoli y zanahoria.

1. Con la ayuda de un cuchillo mondador, raspa la parte superior del brócoli, para sacar solo las bolitas (no debe tener tallo). Haz lo mismo con la coliflor, o, si te resulta más sencillo, rállala con un rallador, ya que la coliflor es más dura que el brócoli (foto 1). Por último, con la ayuda de un pelador, debes obtener finas tiras de zanahoria para después picarlas muy bien con la ayuda de un cuchillo.
2. Mezcla las tres verduras para obtener el falso cuscús (foto 2).

Las zanahorias se pueden cortar en juliana, es decir, muy finitas y en sentido longitudinal, ideal para las ensaladas; ralladas, para purés, masas o rellenos; en brunoise, es decir, en dados pequeños, para sofritos y cuscús vegetales; y en rodajas más o menos gruesas, para guarniciones cocinadas.

A mí me gusta mucho esta combinación porque le da un aire muy fresco a los platos, combina muy bien con guisos y pescados a la plancha, y es una manera muy sana y natural de comer verduras.

Truco para cocinar endivias en el microondas

Las endivias son una variedad de lechuga de hoja amarga. En casi todos los platos que se encuentran en el mercado se comen en crudo en ensaladas, aunque cuando se cocinan es un producto exquisito y muy sabroso.

Además de cocinarlas en el microondas, las endivias se pueden cocer y presentar de formas muy variadas: napadas con bechamel, gratinadas, o bien en crema o puré, para acompañar asados y aves de corral. También se pueden preparar crudas, en ensaladas, y aliñadas con una vinagreta y acompañadas de queso azul, nueces, manzana, gajos de naranja y betabel.

1. Para cocinar endivias en el microondas, envuélvelas en plástico autoadherible de tal manera que queden selladas y no pueda salir ningún vapor (foto 1). Introdúcelas en el microondas a potencia media durante 5 minutos. Las endivias cambiarán de color. Para saber si están cocidas, tócalas (ten cuidado, ya que quemarán mucho); si están blandas, estarán cocidas.

2. Sácalas del plástico con mucho cuidado (el vapor que desprende quema mucho) y córtalas por la mitad (foto 2).

3. En un sartén bien caliente, dora las endivias y ya estarán listas para comer.

Para aderezarlas tienes varias opciones. Puedes preparar una salsa de queso azul y frutos secos, o bien aderezarlas de una forma sencilla, pero muy buena, con un buen chorro de aceite de oliva virgen y una pizca de sal.

Truco para cocinar verduras

Al cocinar un salteado de verduras o un guiso en el que las verduras son las principales protagonistas, es bastante habitual dudar acerca de cuáles son las que se deben añadir antes para que su cocción sea perfecta y no queden duras. Con este pequeño truco, siempre sabrás qué verduras debes agregar en primer lugar a la preparación.

Cuando vayas a cocinar diferentes tipos de verduras, siempre debes tener en cuenta cuáles necesitan menor tiempo de cocción. Por ejemplo, una cebolla tarda mucho más tiempo en cocinarse que un pimiento, y este, a su vez, precisa menos tiempo que una calabacita; todo depende de la cantidad de "carne" que contenga la verdura (foto 1). En estos tres ejemplos, la cebolla es muy poco carnosa, por lo que se introduciría primero en un guiso, después se agregaría el pimiento y, por último, la calabacita (esta última necesita muy poco tiempo de cocción dada su morfología), lo mismo que la berenjena o el chícharo. De manera que antes de empezar a cocinar es conveniente separar las verduras por familias para incorporarlas cuando sea necesario (fotos 2 y 3).

También es posible cocerlas por separado, para después añadirlas todas juntas, pero esta opción implica mucho más tiempo y trabajo (foto 4).

Salteado de **verduras** con **huevo** pochado y aceite de **ajo**

45'
20'

4
personas

$$$

Para el salteado
- 1 cebolla
- 2 dientes de ajo
- 1 zanahoria
- 1/2 pimiento verde
- 1/2 pimiento rojo
- 1/2 calabacita
- salsa de jitomate
- sal

1. Pica todas las verduras del mismo tamaño, tanto para que el plato quede más estético como para que las verduras se cuezan de manera adecuada. Empieza acitronando la cebolla, junto con el ajo (este es la excepción, ya que con ello se consigue que no se queme gracias al agua que aporta la cebolla), y después añade la zanahoria. Cuando empiece a estar blanda, incorpora los dos tipos de pimiento, y, cuando estos estén casi a punto, agrega la calabacita, que estará lista en unos 5 minutos. Por último, incorpora la salsa de jitomate, pon un poco de sal y reserva esta preparación.

Para el huevo pochado
- 1 litro de agua
- 1 cucharada de sal
- 1/4 de taza de vinagre
- 4 huevos

2. Lleva a ebullición agua con la sal y el vinagre. Cuando hierva, con la ayuda de una cuchara, haz un remolino en la mitad del agua, momento en que cascarás el huevo y lo pondrás en el centro del remolino. Con esto se consigue que la clara se recoja y no se esparza por toda el agua.
Deja que cueza durante 3 minutos y retíralo del fuego. Resérvalo.

Para el aceite de ajo
• 200 ml de aceite de girasol
• 8 dientes de ajo

3. Vierte el aceite en un sartén, y, en frío, añade los ajos sin pelar. Enciende el fuego al mínimo y vigila los ajos para que no se quemen. La temperatura tiene que ser constante. Transcurridos unos 30 minutos, retira el sartén del fuego y deja que el aceite se enfríe a temperatura ambiente.
4. Retira los ajos y reserva el aceite.

Montaje
5. Pon la preparación de verduras en el centro del plato, dejando un hueco en el medio. Coloca ahí el huevo pochado caliente y aromatiza el plato con una cucharada de aceite de ajo y acompaña con pan tostado. Antes de degustarlo es conveniente mezclarlo todo.

Truco para escoger un buen mango

El mango es una fruta deliciosa, aunque resulta difícil saber si está en su punto de maduración óptimo. Estos trucos te permitirán saber si está en perfectas condiciones para comerlo.

En primer lugar, no confíes en su color, ya que no indica absolutamente nada. Toma el mango con la mano y apriétalo levemente con los dedos. Si está blando quiere decir que está maduro.

Por otro lado, el olor también muestra el grado de madurez. En el tallo, el mango desprende cierto olor a raíz que también indica que está en su punto.

Por último, fíjate en la piel. Tiene que ser lisa y no estar arrugada, en cuyo caso quiere decir que el mango está con toda probabilidad pasado.

Truco para saber si un melón está en su punto óptimo

Para saber si un melón está en su punto, tienes que fijarte primero en su piel, la cual indicará su punto de madurez; ésta debe ser rugosa. También debes tener en cuenta su color; no tiene que ser excesivamente verde, ya que eso indicaría que está poco maduro. Es preferible que escojas uno que tenga tonos amarillentos.

Para saber si su punto de maduración es óptimo, presiona la zona contraria a aquella donde el melón estaba sujeto a la mata. Si cede es que está maduro; si no es así, es que todavía falta un poco para su completa madurez. También puedes agitarlo: si adviertes que se mueve, como si tuviera agua en su interior, quiere decir que el melón está excesivamente maduro.

Truco para elegir una buena sandía

Una de las frutas más difíciles de seleccionar es la sandía. Para comprar una buena sandía, tienes que tocar la piel. Si está firme suele indicar que está en su punto. También debes fijarte en que no tenga ninguna grieta. Golpea la sandía y, si suena hueco, es que está en su punto óptimo. Si abres la sandía y observas que todavía no está en su punto, puedes conservarla en un lugar fresco y seco para que acabe de madurar.

Truco para cocinar hongos congelados

Los hongos son un producto de temporada, aunque en la actualidad ya se puede disfrutar de ellos durante todo el año, pues algunos se venden congelados y otros son de criadero.

Con este truco aprenderás a descongelar los hongos y lograr que sean igual de apetecibles que los frescos (foto 1). Los fallos más frecuentes a la hora de cocinar hongos congelados suelen deberse a que se dejan descongelar y se cocinan directamente en el sartén. Esta manera de cocinarlos es incorrecta, ya que el hongo se convierte en agua, que luego se pierde en el sartén, con lo que quedan secos y con poco sabor (por lo general, con un sabor amargo).

Para que esto no suceda, debes llevar a ebullición agua con sal y añadir los hongos congelados directamente al agua (foto 2). Cuando comience a hervir, retíralos y pásalos a un tazón que contenga agua con hielo para detener la cocción (foto 3). Escúrrelos y los tendrás listos para cocinar (foto 4).

Los puedes saltear en aceite, hacer un guiso o incluso una salsa o una crema. Gracias a este truco, la textura del hongo cambia por completo y no pierde su jugo en el sartén.

Si lo que deseas es congelar hongos en casa, es recomendable congelarlos ya blanqueados, un procedimiento que no siguen los que venden en los grandes supermercados.

Hongos salteados con virutas de foie y yema de huevo curada

2
personas

Para los hongos
- 200 g de hongos congelados
- 1/2 cebolla picada
- 1 ajo picado
- 10 ml de brandy
- perejil picado
- sal

1. Blanquea los hongos en agua y sal y escúrrelos como se indica en el truco anterior. Pícalos y resérvalos.
2. Acitrona la cebolla y el ajo en aceite a fuego muy bajo, evitando que se quemen. Añade los hongos y saltéalos.
3. Incorpora el brandy, deja que reduzca y espolvorea con el perejil picado. Resérvalos.

Para las virutas de foie
- 100 g de *foie gras*
- granos de sal

4. Congela el *foie* y, con la ayuda de un pelador de papas, saca las lascas de *foie* y resérvalas en el congelador hasta el momento de utilizarlas.

Para la yema de huevo curada
- 2 huevos
- 75 g de sal
- 40 g de azúcar

5. Separa las yemas de las claras. En un tazón pon la sal y el azúcar.
6. Cubre la yema con esta mezcla y deja que se cure durante 12 horas. Transcurrido este tiempo, sácalas y lávalas con cuidado. Resérvalas.

Montaje
7. Pon la base de hongos salteados y coloca la yema encima.
8. Saca las lascas de *foie* del congelador y corona con ellas el plato. Añade unos cuantos granos de sal. Cuando las virutas se descongelen, tendrás el plato listo para degustarlo.

Otra opción es sellar la pieza de *foie gras* completa y servirla en lugar de las virutas.

Truco para pelar un aguacate y evitar que se oxide

El aguacate es un producto riquísimo que puede elaborarse de muchísimas formas, pero también resulta difícil de escoger y trabajar adecuadamente.

En primer lugar, cuando vayas a comprarlos, lo mejor es que, con el pulgar, toques la parte más gorda del aguacate. Si el dedo se hunde con mucha facilidad quiere decir que el aguacate está demasiado maduro. Para encontrar uno mejor, repite la misma operación; si el dedo no se hunde del todo estará perfecto, ya que los aguacates duros estarán muy verdes y no se podrán comer.

Cuando tengas los aguacates en casa, es conveniente que los envuelvas en papel de periódico y los dejes fuera del refrigerador hasta la hora de comerlos para que estén en su punto.

Para pelar un aguacate, con la ayuda de un cuchillo, practica un corte alrededor del aguacate hasta llegar al hueso, separa las dos mitades y, en la mitad en la que se encuentre el hueso, clava la parte posterior del cuchillo

Aunque sea costoso, no dudes en disponer de un buen cuchillo para fruta y verdura, uno para carne, y otro para pescado y marisco. No solo por sus tamaños y formas diferentes, sino también por evitar los olores y aromas propios de cada familia de alimentos.

como se indica en la foto 1, gira levemente y el hueso saldrá solo. Después, retira la piel de cada una de las mitades como si de un plátano se tratara.

Si quieres evitar que se oxide, rocía el aguacate con el jugo de un limón y resérvalo en el refrigerador (foto 2). Si lo vas a comer hecho puré, puedes blanquearlo con una cucharadita de mayonesa.

Truco para cocer yuca

La yuca es un tubérculo muy similar a la papa, aunque con una carne mucho más blanca y una piel de color marrón (foto 1). Es un producto que se consume en América, Asia y África, y que se puede encontrar fácilmente en la mayoría de mercados del país. La yuca es deliciosa cuando se corta fina y se fríe en aceite de oliva como si se tratara de una papa. Queda crujiente y muy sabrosa, pero antes de cocerla, hay que tener en cuenta algunos aspectos (fotos 2, 3 y 4). Este tubérculo se suele cocer en leche con una pizca de sal en lugar de en agua hasta que está blanda (foto 5). A continuación, se licúa, con lo que se obtiene una textura sedosa y homogénea (semejante a una crema o bien a un puré, si tiene más cantidad de yuca), debido a la cantidad de almidón que contiene. Si se cociera en agua o en caldo, una vez licuada quedaría como si estuviera cortada, un aspecto que no satisfaría. Asimismo, la yuca se puede cortar en trozos para acompañar los guisos o caldos. Para ello, cocínala como se ha explicado y, en el último momento, añádela a la preparación. Después de pelarla, se tiene que lavar bien en agua fría e incluso dejarla una hora en remojo para que pierda parte del almidón. También hay que recordar que la yuca es muy rica en hidratos de carbono.

Crema de yuca con huevo y tocino

1h 35'

4 personas

$$$

Para la crema de yuca
- 1 yuca
- 1 l de leche
- sal y pimienta

1. Pela la yuca y ponla en remojo durante 1 hora. Córtala en trozos y cuécela en la leche a fuego medio.
2. Cuando esté blanda, ponla en un vaso de licuadora y licúala. Ve añadiendo la leche de la cocción para obtener la textura deseada (tiene que quedar como un puré de papas ligero). Salpimienta y resérvala caliente.

Para el tocino
- 1 trozo de tocino

3. Corta el tocino o cómpralo en rebanadas no excesivamente gruesas. Ponlo en un sartén (sin aceite ni otro tipo de grasa) a fuego medio y deja que vaya perdiendo la grasa, que retirarás de vez en cuando con una cuchara.
Da la vuelta a las rebanadas y, cuando estén crujientes, retíralas del fuego. Resérvalas.

Para el huevo
- 4 huevos
- sal

4. Lleva a ebullición agua con sal, e introduce los huevos recién sacados del refrigerador (con cáscara) y deja que cuezan durante 6 minutos exactos. Con esto conseguirás una clara bien cocida y una yema líquida.
5. Introduce los huevos en agua con hielo para detener la cocción. Pélalos y resérvalos.

Montaje
6. Vierte la crema de yuca en el fondo del plato. Calienta el huevo en agua caliente (sumérgelo durante 1 minuto, aproximadamente) y coloca el huevo sobre la crema. Corona el plato con el tocino crujiente.

Truco para que maduren antes los plátanos

Es bastante frecuente comprar plátanos que todavía no se encuentran en su punto óptimo de madurez, con lo que al estar verdes pierden dulzor y su textura es demasiado dura. Para que maduren, lo mejor es atar el tallo con un poco de plástico autoadherible y después envolverlos en papel de periódico. Déjalos un par de días fuera del refrigerador y empezarán a cambiar de color a un tono amarillo con motitas negras en su piel que te indicarán que los plátanos ya están en su punto para consumirlos.

Truco para hacer cubitos de hielo con frutas para tus bebidas o cocteles

Un buen truco para que prepares tus propios cubitos de hielo de formas divertidas y refrescantes para tus cócteles caseros es el siguiente. Corta en dados o en mitades, sin semillas y sin piel, las frutas que desees emplear, e introdúcelas en moldes de silicón para cubitos de hielo. Llénalos de agua hasta la mitad y congélalos (con ello se evita que la fruta flote y se quede arriba). Cuando se haya congelado, termina de llenar con agua los moldes y vuelve a introducirlos en el congelador hasta que obtengas una pieza de hielo con fruta en su interior.

Truco para saber si un huevo está en óptimas condiciones

Uno de los productos más peligrosos si no se encuentra en buenas condiciones para el consumo es el huevo, y para saberlo lo único que tienes que hacer es llenar un vaso con agua e introducir el huevo dentro. Si este permanece en el fondo del vaso, el huevo está en perfectas condiciones y es ideal para consumirlo; si se queda en la mitad sin llegar a la superficie, se puede comer, pero indica que ya no está totalmente fresco, y si, por el contrario, el huevo flota, deséchalo, ya que no se puede consumir. No obstante, es recomendable que ante la duda lo deseches.

Truco para preparar un huevo pochado

La técnica del plástico autoadherible te permitirá hacer un huevo pochado (huevo a media cocción) de una forma rápida y divertida. Con este truco podrás preparar el huevo con mucha rapidez y de una forma sorprendente.

1. En primer lugar, deja los huevos a temperatura ambiente. Si los conservas en el refrigerador, sácalos unas horas antes, porque de lo contrario, al estar el huevo frío, el tiempo de cocción variará. Cuanto más fresco sea el huevo, mejor. Cuando un huevo ya lleva muchos días, se reconoce por la cantidad de agua que contiene su interior.

2. Estira un plástico autoadherible y, con la ayuda de una brocha, pincélalo con un poco de aceite de oliva. Casca el huevo, colócalo sobre el plástico y ciérralo bien con las cuatro puntas, haciendo una forma de flor (foto 1). Debes tener mucho cuidado para que no quede nada de aire en su interior, ya que la

yema flotaría y no se cocería de manera homogénea.

3. Sumerge el huevo en agua hirviendo con un chorro de vinagre y deja que cueza durante 5 minutos. Una vez transcurrido este tiempo, introduce el huevo en agua con hielo para detener la cocción.

4. Saca el huevo del plástico autoadherible. Tendrás un huevo con la clara cuajada y la yema totalmente líquida (foto 2).

Puedes preparar unos huevos hilados para decorar una crema o un consomé. Para ello pon a calentar una cacerola con agua y, cuando esté hirviendo, pon encima un colador y vierte unos huevos batidos. De esta manera, los hilillos que escaparán, coagularán de inmediato en la superficie del agua.

Truco para hacer un omelette más esponjoso

Cuando se hace un *omelette* es posible encontrarse con el inconveniente de que quede poco jugoso por dentro o que se cueza en exceso en el exterior. Con este truco conseguirás un *omelette* muy jugoso.

Lo más importante es disponer de unos huevos de calidad, y mejor si son orgánicos. Casca los huevos en un tazón y, con la ayuda de un batidor globo, bátelos hasta que dupliquen su volumen. Añade un chorrito de leche y un poco de sal (foto 1). Vierte, en un sartén antiadherente, un chorrito de aceite, y cuando esté humeando (bien caliente) agrega los huevos ya batidos y, con un movimiento circular, deja que la tortilla vaya cuajando poco a poco. Recoge la tortilla, dale la vuelta (no la dejes más de 30 segundos en el fuego) y retírala del sartén. Obtendrás un *omelette* (foto 2) muy jugoso y apetecible. Esta misma elaboración puedes adaptarla a una de las recetas estrella de la gastronomía española, la tortilla española.

Si por casualidad después de calentar bien el sartén se pega el *omelette*, vacíalo y pon un buen puñado de sal fina. Regrésalo al fuego hasta que esté muy caliente y la sal humee. Después, pasa un trozo de papel absorbente y frota con fuerza. De este modo tendrás el sartén preparado para hacer un omelette y evitar que se pegue.

Puedes hacer unos deliciosos y dulces hot cakes siguiendo un procedimiento similar: mezcla 100 g de harina, 1/2 cucharadita de polvo para hornear y una pizca de sal. Seguidamente añade 1 huevo, 3 cucharadas de azúcar y 150 ml de leche. Bate enérgicamente hasta conseguir una pasta lisa y homogénea. Déjala reposar unos 30 minutos. Pasado este rato, prepara cada hot cake como si de una tortilla se tratara, dejándolo cocer unos 3 minutos por cada lado.

Truco para saber si un huevo está bien cocido

Este truco es muy eficaz para preparar huevos cocidos en casa, sobre todo cuando no se está familiarizado con el tiempo que tardan en cocerse.

En primer lugar, debes recordar que para cocer huevos siempre hay que partir de agua fría. También es conveniente añadir un buen chorro de vinagre o, en su defecto, un puñado generoso de sal, ya que así se evitan las típicas dificultades a la hora de pelarlos.

Asimismo, cuando hayan transcurrido 8-10 minutos de cocción (según el tamaño), es conveniente enfriarlos en agua con hielo o agua muy fría para detener la cocción y que no se pasen. No obstante, existe un truco para saber si los huevos están bien

Si quieres preparar un huevo frito sin que se rompa, casca el huevo dentro de una taza o de un tazón. Después déjalo caer en el aceite bien caliente. Este truco sirve especialmente para los huevos de codorniz, ya que son difíciles de romper sin que caiga algún trozo de cáscara dentro del huevo. En este caso, puedes cortar la parte superior de los huevos con un cuchillo de sierra.

cocidos. Coge el huevo y haz que gire como un trompo. Si el huevo se levanta y gira por sí solo, estará bien cocido. En cambio, si da vueltas pero no se llega a levantar, el huevo tendrá la yema todavía sin cocer (foto 1). Puedes comprobarlo en casa con un huevo cocido y otro fresco, como se muestra en la foto 2.

Truco para cocinar queso de cabra

Al cocinar queso de cabra, lo más habitual es que se deshaga en el sartén. Con este pequeño truco, el queso quedará perfecto para comer.

En primer lugar, saca el queso de cabra del refrigerador, a temperatura ambiente, ya que no tiene que estar muy frío.

A continuación, vierte un poco de aceite de oliva en un sartén antiadherente. Cuando el sartén esté muy caliente, coloca la rodaja de queso, déjala un minuto hasta que se forme una costra y dale la vuelta con la ayuda de una espátula. Déjalo otro minuto y retíralo. De este modo, tendrás el queso listo para comer. La clave es que se dore bien y se selle.

Truco para cortar queso de cabra

Es habitual que al cortar queso de cabra en rollo se desmenuce. Para evitarlo, hay que tener en cuenta diversos factores. En primer lugar, el queso debe estar a temperatura ambiente y no muy frío (recién sacado del refrigerador). Por otro lado, córtalo con un cuchillo de hoja muy fina.

Antes de proceder a cortar el queso, pásalo por agua caliente (será más fácil). También puedes cortar el queso con la ayuda de un hilo dental. Pásalo por el queso y verás cómo se corta con mucha facilidad.

Truco para cortar queso brie

El queso brie, al contrario que el queso de cabra, es preferible cortarlo nada más sacarlo del refrigerador para que esté muy frío. En este sentido, incluso se aconseja introducirlo en el congelador 20 minutos antes de cortarlo, sin que se llegue a congelar. Una vez que lo hayas sacado, córtalo con un cuchillo de hoja muy fina, previamente pasado por agua bien caliente. De este modo obtendrás un corte fino y limpio y evitarás que el queso se pegue a la hoja del cuchillo. Es conveniente comer el queso unos 20 minutos después de cortarlo para que se atempere y puedas disfrutar plenamente de su sabor.

Truco para preparar crujientes de queso

Los quesos pueden utilizarse en cocina como ingrediente base o como condimento de platos fríos, como canapés, ensaladas, tapas, pasta... O bien, se pueden cocinar en tortillas, pizzas, salsas, crepas, suflés, sopas, fondues...

En las elaboraciones con queso, este truco es muy divertido y valioso, ya que permite preparar crujientes para degustarlos en platos tan variados como ensaladas, canapés o aperitivos.

1. En primer lugar, es importante disponer de queso semicurado o curado. Para esta elaboración van muy bien el manchego español o el parmesano italiano. Precalienta el horno a 180 °C durante 5 minutos.

2. Ralla el queso con la ayuda de un rallador muy fino. Extiende una hoja de papel encerado y coloca el queso rallado en forma circular; la forma que le des en el papel será la que obtendrás (foto 1). Coloca 2 cucharas en los extremos de la bandeja (este truco es para que no se mueva el papel por efecto del ventilador del horno) y hornea a 180 °C durante 5 minutos.

3. Saca la bandeja del horno y deja que se enfríe; es importante dejar que se enfríe bien, ya que solo así se consigue el efecto crujiente. Si estuviera caliente quedaría elástico. Cuando estén fríos, despega los crujientes con una espátula o un cuchillo (foto 2). Ya están listos para las elaboraciones. ¡Es un bocado exquisito que te permitirá decorar muchos platos!

Pescados y mariscos

Truco para saber si el pescado está fresco

Este apartado es muy interesante, ya que cuando se va a la pescadería muchas veces se tiene dudas de si se está escogiendo el pescado ideal. En este sentido, existen varios trucos para tener una idea de si el pescado está fresco y tiene la calidad que se desea. Lo primero que tienes que hacer es observar el ojo del pescado. Si brilla y no está hundido o rojo, es una señal que indica que está fresco. También le puedes pedir al pescadero que te enseñe las agallas; si son de un color rojo vivo, es también una señal de que el pescado no lleva mucho tiempo capturado (foto 1). Si, por el contrario, tienen un color amarronado, indicará que no es un pescado de confianza. También puedes tocar la carne (foto 2). Si está dura y tersa, es muy buena señal, pero, en cambio, si está blanda y el dedo se hunde, quiere decir que ya está un poco pasada o que ha recibido algún golpe, lo que se refleja en su calidad. Otro de los aspectos clave para no comprar un pescado es su olor, que indicará definitivamente si es adecuado para consumir.

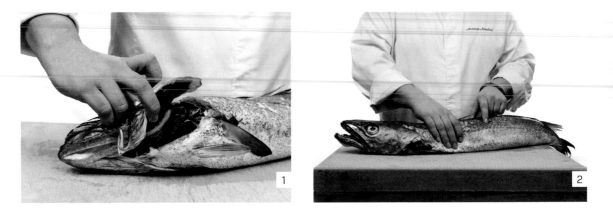

1

2

Truco para hacer una buena fritura de pescado

El problema al hacer una fritura de pescado en casa es que no suelen quedar siempre igual, lo cual se debe a algunos factores que no se tienen en cuenta a la hora de elaborar este plato.

Una de las cosas importantes que hay que tener presentes es la harina que se va a utilizar para realizar la fritura. En el mercado hay una perfecta: la harina de garbanzo. Con ella, las frituras quedan muy crujientes.

Por otro lado, el hecho de tamizar la harina evita que se formen grumos y que el producto tenga un exceso de ella.

Otro pequeño truco importante es secar bien el producto que se va a freír. Con ello se evita un exceso de harina, que será la justa y necesaria para freír. En este sentido, sacudir el alimento con las manos también ayuda a retirar el exceso de harina (fotos 1 y 2).

Para freír un alimento, el aceite debe estar muy caliente (a unos 180 °C), pero hay que tener cuidado de que no se queme, ya que estropearía la fritura (foto 3).

Una vez preparada la fritura, es importante pasarla por papel absorbente para eliminar el exceso de aceite (resulta desagradable a la hora de comer, y si está mucho tiempo en contacto con el producto también lo reblandece) [foto 4].

Una fritura de calidad debe estar crujiente, con una fina capa de harina (casi inexistente) y sin un exceso de grasa. Si consigues todo esto, tendrás una fritura crujiente por fuera y jugosa por dentro.

Cucurucho de **pescado** frito con **alioli** de **curry**

2
personas

Para el pescado frito
- 1 filete de robalo fresco
- 2 camarones crudos
- 1 trozo de cazón
- 2 calamares limpios
- harina de garbanzo
- c/s de aceite para freír
- sal

1. Quita las espinas del robalo y córtala en dados del mismo tamaño. Retira la cabeza y pela los camarones, y resérvalos. Corta el cazón en dados del mismo tamaño que el robalo. Limpia los calamares y desprende las patas. Abre los calamares y practica unos cortes transversales sin llegar a romperlos. Resérvalos.

2. Sala los pescados y mariscos, pásalos por harina, sacúdelos para retirar cualquier exceso de la misma y fríelos por separado en un sartén con aceite a 180 °C aproximadamente. Ten mucho cuidado de que no se queme el aceite, ya que estropearía la fritura.

3. Una vez frito todo, pon las frituras en papel absorbente y resérvalas.

Para el alioli de curry
- 1 huevo
- 1 diente de ajo
- 3/4 de taza de aceite de girasol
- vinagre
- 1 cucharadita de curry en polvo
- sal

4. Casca el huevo en el vaso de la batidora, añade el ajo y el aceite de girasol, de manera que cubra los ingredientes. Vierte un chorrito de vinagre (con ello se evita que se corte la mayonesa) y bate a velocidad media. Mueve la batidora ligeramente de abajo hacia arriba para que penetre aire y que se emulsione el alioli.
5. Una vez emulsionado con la textura que deseas (a más aceite más espesor), agrega el curry y sala. Reserva el alioli.

Montaje
6. Haz un cucurucho con un trozo de papel de periódico, introduce los pescados y mariscos fritos, y, aparte, para acompañar, pon en un recipiente el alioli de curry. Espolvorea con un poco de cebollín.

Truco para hacer refritos de pescado

En el norte de España son muy típicos los refritos de pescado, de ahí que uno de los más famosos sea el refrito de pescado a la bilbaína, aunque hay que destacar que no todos son iguales. Con estos pequeños trucos conseguirás un refrito con un sabor especial (foto 1).

1. Primero, corta el ajo en láminas y dóralo en un sartén en aceite de oliva extra virgen. Recuerda que para freír el ajo es importante partir del aceite frío, ya que de este modo el ajo aromatizará el aceite; por el contrario, con el aceite muy caliente el ajo se quemaría y haría que el refrito amargara.

2. Después, añade un chile guajillo cortado en rodajas (la cantidad de chile depende del gusto por el picante de cada uno) y el perejil picado finamente. Cuando el ajo empiece a chisporrotear, retíralo del fuego.

3. Por otro lado, marca en el sartén el trozo de pescado que desees cocinar, e, inmediatamente, introdúcelo en el horno. Cuando esté casi cocido, es decir, cuando le queden unos 2 minutos de cocción, retíralo del horno y rocíalo con el aceite con los ajos, el chile guajillo y el perejil. Vierte un chorro generoso de vinagre de vino y un poco de perejil picado. Remuévelo en la bandeja del horno para que se mezcle con los jugos del pescado y deja que acabe de cocerse.

4. Después, sácalo del horno y, con la ayuda de un batidor globo, mezcla el refrito y los jugos del pescado, para luego cubrir el trozo de pescado (foto 2).

Truco para cocinar pescado azul

Uno de los pescados que más demanda tienen en el mercado son los denominados pescados azules, que son muy ricos en grasas buenas. Los principales pescados azules son el atún, la caballa, la sardina, el arenque, el salmón o el boquerón. Todos ellos son aptos para comerlos semicrudos porque ni su sabor ni su textura resultan desagradables al paladar. Con este sencillo truco, reforzarás el sabor y la textura de los pescados (foto 1). Lo primero que tienes que hacer es limpiar los lomos y retirar las espinas de pescado correctamente (foto 2). Después, pásalos por el chorro de agua para retirar los restos de sangre. Los pescados azules suelen contener bastante

sangre, que, si se cocina, puede tener un sabor amargo, por lo que resulta esencial lavarlos bien. Cubre con sal marina (sal común) los lomos y déjalos reposar alrededor de unos 30 minutos, en función del tamaño (foto 3). Una vez transcurrido este tiempo, lávalos bien con agua fría y verás cómo tanto el color como la textura han cambiado por completo (foto 4). Tendrás un pescado mucho más terso y sabroso. Ahora está listo para cocinarlo como prefieras: a la plancha, cocido, frito o crudo. Otra técnica que también es muy eficaz es meterlo en una salmuera (una solución de agua con sal), aunque es un poco más complicado porque cada pescado exige un tipo de solución o porcentaje de sal por agua.

Lomo de sierra con sopa de anís y azafrán con almejas escabechadas

5
personas

Para la sierra
- 5 lomos de sierra fresca
- sal de grano

1. Limpia los lomos, retira las espinas y quita la piel a la sierra. Cubre los lomos con sal de grano y prénsalos. Deja que reposen en el refrigerador durante 15 minutos. Sácalos de la sal y pásalos por agua fría. Resérvalos.
2. Cocínalos a la plancha por los dos lados, retira la piel y resérvalos.

Para la sopa de anís y azafrán
- 120 g de jitomates pelados
- 115 g de cebolla
- 100 g de hinojo
- 85 g de echalotes
- 80 g de poros
- 75 g de zanahorias
- 50 ml de aceite de oliva
- 25 g de ajo
- 60 g de compota de jitomate
- 900 ml de fumet blanco
- 200 ml de vino blanco
- 50 g de licor de anís
- 3 g de tomillo
- 30 g de clara de huevo
- pimienta
- sal
- laurel
- 1 g de azafrán

3. Saltea las verduras y añade el resto de ingredientes. Cuécelos a fuego medio durante 30 minutos, cuélalos y resérvalos.

Para las almejas escabechadas
- 700 g de almejas
- 1/2 taza de aceite de girasol
- 1/2 taza de aceite de oliva
- 1/3 de taza de vinagre de Jerez

4. Abre las almejas con el primer vapor y saca los moluscos de sus conchas.
5. Mezcla los aceites y el vinagre y llévalos a ebullición. Introduce las almejas en el escabeche y seguidamente retíralos del fuego para que no sobrecuezan. Déjalos en el escabeche durante 1 hora. En el momento de servir, calienta las almejas en un sartén con un poco de escabeche.

Montaje
6. Dispón un lomo de sierra en el centro del plato y las almejas calientes, y corona con la sopa de anís y azafrán. Decora con habas verdes cocidas.

Truco para quitar la piel a una caballa

Aunque la caballa a simple vista parece tener solo una piel, en realidad tiene dos, y es precisamente la que no se aprecia la que más molesta resulta a la hora de comer y de cocinarla, ya que es gomosa, semejante a un chicle.
En primer lugar, sala la caballa y déjala reposar durante 10 minutos. Después, lávala en agua fría, y, con la ayuda de un cuchillo mondador o de un cuchillo pequeño, ráspala y la piel se desprenderá sola, fácil y rápidamente, como si se tratara de un papel transparente.
Tras eliminar esta telilla, la caballa estará lista para cocinarla. Incluso al marcarla a la plancha, es conveniente retirar esta piel, ya que, al ser como la goma, con el calor se encoge y deforma el lomo del pescado.

Truco para quitar las escamas fácilmente

El pescado tiene un gran número de escamas. Por lo general se suelen quitar para todas las recetas, a excepción de los pescados a la sal. Para el resto de preparaciones suelen ser muy molestas, ya que son muy duras y a veces incluso impiden que el pescado se cueza de la manera correcta.

Con este fácil y práctico truco, aprenderás a quitar las escamas sin ningún esfuerzo. Pasa enérgicamente, de la cola a la cabeza (en el sentido contrario a las escamas), la parte trasera de un cuchillo. Las escamas saldrán solas. Repite la operación un par de veces, hasta que las hayas eliminado todas.
Es recomendable trabajar en el fregadero para no llenar la cocina de diminutas escamas.

Truco para cocinar pescado al horno

Una de las maneras más comunes de cocinar el pescado es al horno, pero no siempre se elabora de la manera adecuada.
Con estos trucos conseguirás un pescado al horno rico, jugoso y sabroso.

Lo primero que tienes que hacer es decirle al pescadero que evisceres el pescado, pero que deje las escamas. Con ello se consigue que las escamas hagan de escudo protector del pescado y que no se seque por arriba.

1

4

3

Colócalo en una charola para hornear y cúbrelo con unas rodajas de limón, o introdúcelas en el interior del pescado. Nunca debes hacer cortes al pescado para poner las rodajas en ellos (lo cual es común en infinidad de recetas caseras), pues lo único que se conseguirá es que se escapen los jugos del pescado y que se seque por completo. Aderézalo con aceite y sal y tápalo con un trozo de papel encerado que previamente habrás humedecido para que no se mueva en el horno. Con este papel lo que se consigue es un efecto papillote. También puedes preparar la papillote con papel aluminio, con el que formarás un paquetito bien cerrado con el pescado y las verduras de guarnición dentro (fotos 1, 2, 3 y 4).

El tiempo de horneado dependerá del tamaño de la pieza, pero un buen truco para saber si está cocinado es mirarle el ojo; si está completamente blanco, indica que ya está listo para comer. Es conveniente controlar el tiempo de cocción para que el pescado no quede reseco.

Papillote de **merluza** con **verduras**

25'
13'

2
personas

$$\$

Para la merluza
• 150 g de lomo de merluza

1. Reserva un trozo de lomo de merluza con piel y con escamas.

Para las verduras
• 1 calabacita
• 1 berenjena
• 1/2 cebolla en rodajas
• 2 cebollas cambray tiernas

2. Corta todas las verduras en rodajas y saltéalas en el sartén. Escúrrelas en papel absorbente y resérvalas.

Para el papillote

3. Extiende un trozo de papel aluminio y coloca las verduras. Pon encima el trozo de merluza y corona con una nuez de mantequilla (cantidad equivalente a una cucharadita). Cierra con mucho cuidado el papel aluminio, de tal forma que quede cerrado herméticamente y no se escape el vapor. De este modo, el pescado se cocina con un vapor natural y no se pierden todos los aromas volátiles de la merluza y de las verduras.

4. Cuece el papillote durante 18 minutos a una temperatura de 170 °C. Una vez transcurrido este tiempo, saca el pescado del horno, y con mucho cuidado, abre el papel aluminio para que no se sobrecueza el pescado. Al llevar a cabo esta operación, hay que tener mucho cuidado, ya que el vapor puede causar quemaduras en la mano.

Montaje

5. Coloca las verduras en un plato hondo, encima pon la merluza y corona con un chorro de aceite de oliva extra virgen y una pizca de sal de mar.

Truco para hacer pescados a la plancha

Los pescados, al igual que las carnes, tienen en su interior unos jugos que al final son los que aportan todo el sabor (foto 1). Por lo general, si no cocinas correctamente el pescado a la plancha, suele perder todos esos jugos, con lo que la materia prima queda seca e insulsa. Para evitarlo, lo más importante es sellar el pescado por todos los lados, para que conserve todos los jugos en su interior.

En un sartén, con un poco de aceite bien caliente, coloca el pescado por la parte

de la piel hacia abajo y deja que se cueza hasta que la piel esté casi crujiente. Repite la misma operación en el otro lado. Es muy importante que el sartén esté muy caliente para que el pescado se selle correctamente; si el sartén no está bien caliente, será difícil controlar la cocción del pescado y se secará.

Una vez sellado, puedes hornearlo controlando la temperatura; quedará muy jugoso y conservará buena parte de las propiedades del pescado (foto 2).

Truco para desangrar pescados

Algunos pescados, y en especial los azules, contienen una gran cantidad de sangre, que si no se elimina de la manera correcta, una vez cocinada suele hacer que la pieza de pescado amargue. Para que esto no ocurra, existen unos pequeños trucos o consejos que permiten quitar la sangre. Uno de los trucos consiste en poner los lomos del pescado una vez limpios en un tazón con agua con hielo durante 1 hora aproximadamente. Con este procedimiento, se elimina gran parte de la sangre del lomo, pero no toda, por lo que es preferible otra opción, que es más eficaz, aunque a algunas personas no les parezca del todo correcta.

Esta solución exige introducir el lomo del pescado en agua con un 5% de vinagre. El vinagre es un perfecto anticoagulante que eliminará a la perfección toda la sangre. Este método implica emplear alrededor de media hora más o menos, dependiendo del grosor del lomo, ya que el vinagre también actúa sobre el pescado y no interesa que lo cueza (fotos 1 y 2).

Cualquiera de las dos opciones es válida y muy recomendable para no encontrarse con la sorpresa de un sabor desagradable al cocinar el pescado.

Esta misma operación se puede aplicar a las espinas de pescado para preparar caldos. De este modo obtendrás un caldo limpio y transparente. No debes dejar que cueza más de 30 minutos, para que no se amargue.

Truco para cocinar huevas de merluza

TRUCO SANO

Casi siempre se suelen descartar las huevas de los pescados, aunque se trata de una gran equivocación, ya que constituyen una fuente importante de nutrientes y son ricas en fósforo y vitamina C. En primer lugar, introdúcelas durante 10 minutos en agua con hielo, ya que de este modo desangrarás la hueva de la manera

correcta. Después, envuélvelas en plástico autoadherible prensándolas bien y cuécelas en agua a fuego medio durante 45 minutos. Transcurrido este tiempo, pásalas a agua con hielo para detener rápidamente la cocción, quita el plástico autoadherible y las tendrás listas para comer en ensalada, a la plancha con salsa de marisco o incluso con alguna sopa fría.

Truco para congelar pescados

Muchas veces en la pescadería hay pescado fresco en oferta, pero congelarlo nos da miedo por si se estropea. Con este truco no dejarás pasar esta oportunidad. Si el producto se congela de la forma correcta, no se estropeará y podrás conservarlo en condiciones óptimas hasta el momento en que lo emplees.

El proceso del congelado es muy importante, porque si se hace de una manera incorrecta, el pescado perderá todas sus propiedades, en especial la textura, ya que perderá gran cantidad de agua y quedará seco.

En primer lugar, debes dividir el pescado en raciones y envolverlas en plástico autoadherible (nunca emplees para ello papel aluminio).

El plástico no permitirá que el pescado se queme por abrasión de frío (foto 1).

Otro truco consiste en prensar bien el trozo de pescado con el plástico para evitar que quede cualquier bolsa de aire, que haría que se formara hielo (foto 2). Una vez empaquetado, congélalo de forma individual e intenta no colocar nada encima ni debajo de los trozos para que la congelación se produzca en el mínimo tiempo posible. Una vez se haya congelado por completo, ya podrás colocarlo como desees en el congelador. Si sigues estas pequeñas pautas, tendrás un pescado en condiciones óptimas.

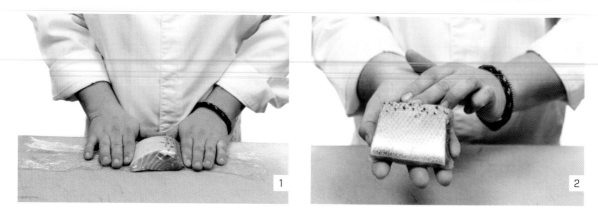

Truco para conservar pescado recién comprado

Es frecuente que, al comprar pescado muy fresco en la pescadería, no se sepa cómo conservarlo en casa.

Lo primero que tienes que hacer es quitarle todas las vísceras y las tripas (si las tiene). A continuación, ponlo sobre una bandeja con la parte de la piel hacia arriba. Si el pescado tiene espinas, consérvalo con éstas. Después, humedece un trapo en agua fría, cubre con él el pescado y pon un puñado de cubitos de hielo por encima (el trapo es esencial para que actúe como un aislante). Cuando el hielo se haya deshecho, quita el agua y vuelve a poner unos cubitos nuevos.

Truco para descongelar pescados

El tema de la descongelación de pescado es muy amplio y hay infinitas posibilidades. Para descongelar de una manera correcta y como indica la ley sanitaria, tendría que tratarse de una descongelación dentro del refrigerador, entre 5 y 9 °C, aproximadamente. A pesar de que esta sea la forma adecuada, muchas veces es imposible disponer de ese tiempo para descongelar de la manera correcta.

A continuación, se mencionan unos cuantos trucos para descongelar con más rapidez, pero siempre bajo nuestra responsabilidad. Una de las opciones sería, en un microondas, seleccionar la opción de descongelación, algo que no me convence, porque aunque sea poco, se está aportando calor al producto, con lo que la descongelación ya no es la adecuada.

Para mí, la más rápida y correcta es envolver el pescado en plástico autoadherible para después introducirlo en agua (siempre fría); como en este caso se va a descongelar pescado, también se puede añadir un puñado de sal. La sal y el agua reducen a la mitad el tiempo de descongelación en refrigeración. Si el producto está perfectamente sellado no quedarán afectados ni su sabor ni su estructura (fotos 1 y 2).

Gracias a estos trucos podrás adquirir con toda tranquilidad pescado fresco que esté en oferta, ya que su congelado y posterior descongelado permitirán consumirlo en óptimas condiciones, sin que se haya estropeado y sin que pierda sabor.

Truco para lavar el pescado

Es frecuente que al comprar pescado, este llegue a casa manchado con su propia sangre o con sus escamas. El hecho de limpiarlos con abundante agua para luego meterlos en el refrigerador es un gran error.

Lo primero que debes hacer al sacarlo de la bolsa donde se encuentra es pasar por encima un trozo de papel absorbente para eliminar todo tipo de impurezas. A continuación, pasa un trapo de cocina, que habrás humedecido en agua fría.

Lo ideal sería limpiarlo con agua de mar (que ya se comercializa en las grandes superficies), ya que recuperaría parte de su salinidad, pero si no dispones de ella, es suficiente con limpiarlo con el trapo húmedo. Tras esta operación, ya puedes conservarlo (ver truco para conservar pescado recién comprado) o cocinarlo.

Truco para preparar un pastel de pescado

Uno de los platos más típicos que se hacían antiguamente eran los pasteles de pescado. Es un plato que tiene una textura muy suave y que luce mucho en celebraciones especiales. Normalmente se suelen emplear pescados de roca, aunque se puede utilizar cualquier tipo de pescado.

Para comenzar con la preparación, cuece el pescado en leche. Cuando esté listo, sácalo de la leche y desmenúzalo, quitando bien todas las espinas y la piel. Después, mezcla la leche con huevo batido (una proporción de 1/2 l de leche por cada 100 g de huevo batido), añade el pescado bien desmenuzado, salpimienta e introduce la preparación en un molde para flan.

Hornéalo a baño María durante unos 50 minutos.

Para saber si está cuajado, introduce la punta de un cuchillo, y si esta sale limpia, estará listo; si, por el contrario, sale sucia, indicará que todavía debe cocerse un poco más. Deja que se enfríe y estará listo para degustarlo. Puedes presentarlo acompañado de mezcla de lechugas o de brotes tiernos.

Truco para retirar las espinas a un lomo de salmón

1

tiene este pescado. Empieza, desde la parte superior, a tirar de esas espinas con golpes secos (es importante tirar con fuerza y quitarlas de una vez, porque si no podríamos dañar la carne del salmón). Retira aproximadamente las 10 espinas que tiene por lomo (foto 2).
A continuación, quítale la piel con un cuchillo. Para ello, tira poco a poco con mucho cuidado desde la parte de la cola para no dejar carne en la piel (foto 3). Con ello ya tendrás preparados los lomos para cocinarlos como prefieras (foto 4) o siguiendo la siguiente receta.

TRUCO con RECETA

Uno de los pescados más demandados es el salmón fresco. A pesar de que por lo general en todas las pescaderías lo venden ya en rodajas, esto suele implicar un aumento de precio que no existiría si compraras un salmón entero o una parte de él.
En primer lugar, debes pedir al pescadero que saque los lomos del salmón (foto 1). Después, ya en casa, puedes retirar las espinas con mucha facilidad. Con la ayuda de unas pinzas, retira las espinas tan molestas y peligrosas que

3

2

4

Lomo de salmón asado con verduras escabechadas y crema de calabaza

2 personas

$$

Para el salmón
- 180 g de lomo de salmón limpio
- aceite de oliva
- sal y pimienta

1. Limpia el lomo como se ha explicado en el truco anterior.
2. En un sartén con un poco de aceite bien caliente, sella el salmón por ambos lados. Para ello, cuece cada lado durante varios minutos, ya que con ello conseguirás que el pescado no pierda ninguno de sus jugos y así te quedará muy jugoso en el interior.
3. A continuación, hornéalo a 170 °C alrededor de 7 minutos (según el grosor del lomo) y resérvalo.

Para las verduras escabechadas
- 1 poro
- 1 zanahoria
- 1 cebolla
- pimienta entera
- 75 ml de aceite de oliva
- 75 ml de aceite de girasol
- 50 ml de vinagre de Jerez

4. Corta todas las verduras en juliana muy fina (tipo de corte con el que se obtienen tiras del mismo tamaño) y saltéalas en un sartén.
5. Mezcla los dos tipos de aceite con el vinagre y la pimienta para elaborar un escabeche tradicional. Añade las verduras al escabeche, lleva a ebullición, retíralas del fuego al cabo de unos 5 minutos y déjalas reposar 1 hora. Cuanto más tiempo reposen, más deliciosas estarán las verduras, por lo que es ideal preparar este plato con un día de antelación. Resérvalas.

Para la crema de calabaza

- 200 g de calabaza de Castilla pelada
- 50 g de mantequilla
- sal y pimienta blanca

6. Corta la calabaza en dados y envuélvela en papel aluminio. Hornéala a 170 °C durante 40 minutos.
7. Saca la calabaza del papel y licúala con una licuadora. Añade la mantequilla y salpimienta al gusto. Resérvala.

Montaje

8. Coloca en el fondo del plato una cucharada de crema de calabaza, encima coloca el salmón asado y corona con las verduras escabechadas templadas. Acompaña con endivias al horno.

Truco para salar pescado

A pesar de que la técnica de salar pescados sea muy antigua, se sigue empleando de manera industrial y de forma casera.

En primer lugar, eviscera el pescado (lo que implica retirar las agallas y el aparato digestivo), pero deja la carne y la espina dorsal. Pon en el fondo de una caja de madera una capa de 1 cm de sal, coloca el pescado con la piel hacia arriba, añade otra capa de sal y, de nuevo, otra de pescado.

Repite la operación hasta que no tengas más pescado. Coloca un peso en la parte superior para que el pescado se prense bien y se impregne de la sal. Deja que repose durante una semana. Transcurrido este tiempo, lávalo con agua y vinagre (en una proporción de un 10%). Deja que se seque al aire libre un par de días y lo tendrás listo para comer. Al cabo de este tiempo, córtalo y consérvalo en aceite de oliva.

Truco para aprovechar la cabeza y la espina del pescado

Muchas veces, al comprar pescado se suele rechazar la cabeza y las espinas. Se trata de un gran error, porque con ellas y este pequeño truco puedes preparar un delicioso fumet o caldo de pescado que puedes emplear en muchas elaboraciones. Incluso puedes congelarlo para cuando lo necesites.

En primer lugar, lava muy bien las espinas y la cabeza en agua fría. Introdúcelas en una cacerola con agua, junto con 1 cebolla, 1 zanahoria y 1 poro, todo lavado y troceado en dados. Añade 1 hoja de laurel y 1/2 limón. Deja que cueza durante 45 minutos. Es importante no excederse del tiempo indicado, ya que la sobrecocción haría que el caldo tuviera un sabor muy fuerte.

A continuación, cuélalo y consérvalo en frío para preparar sopas, salsas o cremas.

Para aromatizar tus fumets, puedes preparar unos ramilletes con 1 hoja de laurel, 1 rama de tomillo, 1 de apio y 2 o 3 ramas de perejil. Puedes atarlas con un cordel y retirar el ramillete cuando finalice la cocción.

Truco para adobar pescados

Una manera diferente de comer pescado es en adobo, que permite un gran número de cocciones e incluso se puede conservar durante más tiempo que el pescado crudo. Para este truco se emplean pescados blancos, y para adobarlos necesitarás aceite de oliva, páprika, orégano, sal, jugo de limón y pimienta blanca (foto 1).

En primer lugar, trocea el pescado en dados uniformes. Este punto es importante, ya que, si los trozos son iguales, el adobo resultará homogéneo; si, por el contrario, unos fueran más pequeños que otros, no todos ellos quedarían adobados por igual.

A continuación, mezcla el resto de ingredientes en un tazón y remueve todo bien

Los deliciosos boquerones en vinagre son otro tipo de adobo. Para prepararlos, primero límpialos tal como se muestra en el truco para limpiar boquerones y sepáralos en filetes. Colócalos en una fuente y espolvoréalos con sal de grano. Déjalos en reposo durante 1 hora. Pasado ese rato, sécalos con papel absorbente, disponlos de nuevo en la fuente y cúbrelos por completo de vinagre de vino blanco. Déjalos reposar durante al menos 6 horas en el refrigerador. Para consumirlos, retira los filetes del vinagre y escúrrelos. Esparce por encima ajo y perejil picados y rocíalos con un chorrito de aceite de oliva.

hasta obtener un adobo uniforme. Incorpora los dados procurando que el adobo recubra bien el pescado. Deja que se adobe de 20 a 30 minutos, y después escurre el pescado (foto 2). Ahora la mejor opción sería enharinarlos con harina de garbanzo y freírlos en abundante aceite hasta que queden crujientes por fuera y jugosos por dentro.

También se pueden hornear a la papillote o incluso saltearlos en un sartén con un poco de aceite.

Truco para desalar bacalao

Cuando se compra bacalao salado se suele tener dudas acerca de cuánto tiempo y cómo se desalan correctamente los lomos. Si sigues estos pequeños consejos, conseguirás un desalado idóneo de este pescado.

En primer lugar, lava el bacalao para eliminar el exceso de sal que lo recubre. Después, pon los lomos en un tazón con agua fría durante 4 horas. En esta primera agua es cuando más sal se va a quitar, por lo que es imprescindible cambiar el agua.

Vuelve a cambiar el agua transcurridas 20 horas y, después, déjalo en remojo otras 12 horas más (fotos 1 y 2).

El agua siempre tiene que estar fría. Las horas de desalado son relativas, ya que dependen

Si compras bacalao fresco y quieres preparar un plato con el que los niños se chuparán los dedos, puedes cocinar unas hamburguesas de bacalao fresco. Para ello, pica la carne con un cuchillo y mézclala con un poco de cebolla picada. Moldea 4 hamburguesas. Cuece las hamburguesas en un sartén con un poco de aceite. Puedes salpimentarlas si te apetece potenciar su sabor.

del grosor y el volumen de los lomos. Un buen truco consiste en probarlo para saber si el punto de sal es el correcto, ya que si nos pasamos de horas, el bacalao puede quedar algo insípido.

El pescado salado suele ser más económico que los lomos que ya se venden desalados, así que con este truco se ahorra de una manera muy fácil.

Truco para filetear un rodaballo

El rodaballo es un pescado plano, y muchas veces al comprarlo es fácil dudar sobre cómo filetearlo. Con este truco aprenderás a localizar los lomos y a filetearlos con mucha facilidad. Lo primero que tienes que hacer es colocar el rodaballo en una tabla para cortar, en la que habremos extendido un trapo de cocina para que no se resbale el rodaballo y no tengamos un accidente con el cuchillo (foto 1). El rodaballo es un pescado que tiende a deslizarse debido a la cantidad de gelatina natural que contiene. Practica un corte justo en la mitad del pescado (el rodaballo tiene cuatro lomos y no dos como pudiera parecer) y, con la ayuda de un cuchillo, ve raspando por la espina para que no quede nada de carne (fotos 2 y 3). Repite esta operación una vez hayas dado la vuelta al rodaballo. En total, obtendrás dos lomos por la parte blanca (inferior) y dos más por la parte verde (superior) [foto 4].

También puedes sacar los lomos con facilidad una vez cocinado (puedes realizar la misma operación para obtener los cuatro lomos). Cuando sabemos cómo es el pescado, resulta mucho más fácil sacarlos.

Lomo de **rodaballo** con **jamón serrano** y cebollas **cambray**

Para el rodaballo

- 1 rodaballo de 1,8 kg aproximadamente
- 150 g de rebanadas de jamón serrano

4
personas

1. Limpia el rodaballo y saca los lomos como se ha explicado en el truco anterior. Corta cada lomo en 2 trozos.
2. Márcalos en la plancha por los dos lados y rellénalos con las rebanadas de jamón serrano. Debes hacer una especie de «libro» de rodaballo con el jamón.

3. Hornéalo a 170 °C durante 9 minutos. Sácalo del horno y resérvalo.

Para el refrito de cebollas cambray

- 12 cebollas cambray tiernas
- 5 espárragos
- aceite de oliva

4. Limpia las cebollas cambray y córtalas en láminas. Haz lo mismo con los espárragos.
5. En un cazo, añade aceite de oliva y confíta las verduras a fuego medio, es decir, cocínalas poco a poco para que se reblandezcan y no adquieran color. Cuando estén tiernas, resérvalas.

Para el crujiente de espinaca

- aceite de girasol
- 12 hojas de espinacas *baby*

6. Calienta el aceite de girasol y, cuando empiece a humear, pon con mucho cuidado, para que no salte el aceite, espinacas *baby*.
   Cuécelas durante 1 minuto y retira las hojas.
7. Sécalas en papel absorbente para retirar el exceso de aceite. Quedarán muy crujientes.

Montaje

8. Coloca el rodaballo relleno de jamón serrano en el fondo del plato, guarniciona de manera generosa con la cebolla cambray, los espárragos y un poco del aceite del que has empleado para confitarlos y corónalos con unas hojas de espinaca crujientes para dar volumen y textura al plato.

Truco para calcular la cantidad de pescado necesaria por persona

Muchas veces, al comprar pescado, es frecuente dudar de si será suficiente para un número determinado de personas. Con este pequeño truco, podrás calcular correctamente las raciones de pescado necesarias y, de este modo, evitarás que sean demasiado justas o, por el contrario, excederte.

Los pescados de por sí tienen distintas fisonomías. En ciertos ejemplares, como el mero y el rape, que tienen la cabeza muy grande, su carne merma más que otras especies. A continuación se mencionan algunos pescados como ejemplo para calcular su ración.

Para ejemplares como el mero, el rape, el rodaballo o el lenguado, la cantidad en bruto ideal para una ración es de 450 g. Pescados como la dorada o la lubina exigen una ración de 400 g.

La merluza, la sierra, el atún o la trucha precisan una ración de 350 g.

Todos estos pesos son en bruto, con cabeza y espinas. Si estuvieran limpios, la ración ideal oscilaría entre los 160 y los 200 g de pescado.

Truco para evitar que se encoja la piel del pescado al cocinarlo

Si se cocinan de la manera adecuada, las pieles de los pescados pueden resultar deliciosas, ya que aportan unos sabores y unas texturas muy interesantes. Pero algunas de ellas nos causan algunos problemas a la hora de cocinarlas, pues suelen encogerse y crean un efecto arqueo que dificulta su cocción y que incluso hace que se doble el lomo del pescado.

Para evitarlo, practica unos cortes en la parte central de la piel. De este modo, conseguirás romper la fibra del pescado, con lo que evitarás que la piel quede gomosa. De este modo podrás cocinar la piel y disfrutarás comiéndola.

Truco para cocinar pescados a la sal

Cuando se cocina a la sal, se obtiene un pescado muy jugoso. Para este tipo de cocción se necesita una pieza de pescado eviscerado y sin branquias. Es importante dejar las escamas y, por supuesto, la cabeza del pescado (foto 1). Precisarás 2 kg de sal de grano por cada kilo de pescado, es decir, el doble de sal que de pescado. Cubre el pescado con la sal y humedécela con cuidado para conseguir que se apelmace mejor y tenga más consistencia (fotos 2 y 3).

Otra opción consiste en batir una clara y mezclarla con la sal, con lo que se obtiene una pasta para cubrir el pescado.

Es muy importante no cubrir la cola con sal, ya que de este modo podrás hacerte una idea de si el pescado está cocinado o no (foto 4). Si la piel se desprende de la cola, el pescado estará listo para comer. Asimismo,

cuando la sal se empieza a desquebrajar indica que el pescado está casi listo. Hay que tener en cuenta que una vez cocinado, no hay que dejar el pescado con la costra de sal; hay que romperla rápidamente para que no se siga cocinando, se pase y quede seco.

A la hora de hornear, la temperatura debe ser constante, pues así se evita abrir el horno continuamente, algo que haría que descendiera la temperatura y que se prolongara el tiempo de cocción.

Besugo a la sal con vinagreta aromatizada de jitomate

2
personas

Para el besugo
- 1 besugo de 800 g-1 kg
- hierbas aromáticas
- rodajas de limón
- 2 kg de sal de grano
- sal y pimienta

1. Abre el besugo por la parte de la tripa, salpimiéntala, esparce unas cuantas hierbas aromáticas y pon unas cuantas rodajas de limón. En la base de la bandeja, pon 1 kilo de sal de grano, dispón el besugo y cúbrelo con el otro kilo de sal, de manera que quede del todo cubierto. Rocía con unas gotas de agua y presiona con las manos para apelmazar la sal y no dejar que se escapen los vapores.

2. Introduce el besugo en el horno a 200 °C alrededor de 40 a 50 minutos (dependiendo del tipo de horno). Una vez transcurrido este tiempo, retira el pescado de la sal y disponlo en varios platos.

Para la vinagreta aromatizada de jitomate
- 3 jitomates bola
- 1 ramillete de albahaca
- aceite de oliva extra virgen
- vinagre de Jerez
- sal y pimienta

3. Pela los jitomates con la ayuda de un pelador y córtalos en dados del tamaño de la uña del dedo meñique. Pica la albahaca y mézclala con el jitomate. Por último, añade aceite y vinagre, y sala al gusto.

4. Pon un cazo en el fuego con todos estos ingredientes y llévalos al fuego sin dejar que alcancen el punto de ebullición, ya que estropearía la textura del jitomate al reblandecerlo, cuando lo que se busca es que el jitomate tenga textura.

Montaje

5. Coloca los lomos de besugo en el fondo del plato y napa con la vinagreta aromatizada de jitomate con la albahaca. Puedes decorarla con una hoja de albahaca fresca o perejil.

Truco para cortar una pieza de atún

Con este truco aprenderás a cortar fácilmente el atún para hacer en casa sushis, tatakis o sashimis. Lo primero que tienes que hacer es comprar una pieza de atún fresco. Aunque existen varias opciones, yo elegiría una pieza de lomo central que tenga un color rojo bastante llamativo. En algunas pescaderías suelen vender uno que se denomina toro, que es excelente para estas elaboraciones, aunque tiene el inconveniente de que su precio es bastante elevado. Una vez que tengas el atún, practica tres cortes en horizontal. Retira la línea de la sangre, ya que esta parte es más amarga y no tiene gran valor culinario.

A continuación, corta el atún de forma transversal en trozos del tamaño de dos dedos. Es importante que deslices el cuchillo para evitar que te lastime o que la pieza se desmenuce (fotos 1 y 2).

Cada parte que has cortado sería ideal para cada una de las elaboraciones citadas. La superior sería muy útil para hacerla a la plancha. La del medio se podría usar para tataki (márcala a la plancha por todos los lados y sírvela semicruda con un poco de aceite y una pizca de sal) y la parte inferior sería la más indicada para hacer sashimi (corte japonés para comer en crudo con un poco de salsa de soya y wasabi) y sushi (rollos de arroz rellenos, envueltos en alga nori).

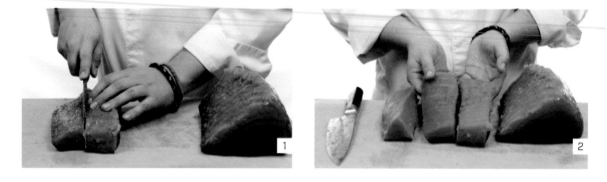

Truco para hacer rápidamente un pil-pil

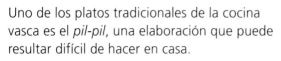

Uno de los platos tradicionales de la cocina vasca es el *pil-pil*, una elaboración que puede resultar difícil de hacer en casa.

En muchas ocasiones, no se logra que emulsione la salsa y queda aguada. El *pil-pil* se produce cuando los jugos del

bacalao cuajan con el aceite (también se puede preparar con otros pescados que contengan gelatina natural). Para su correcta preparación, en primer lugar hay que preparar un agua con gelatina natural de bacalao; para ello, hierve pieles o espinas de bacalao durante 30 minutos, aproximadamente, y reserva el agua obtenida.

Por otro lado, acitrona unos ajos y un chile guajillo a fuego muy bajo en aceite de oliva (fotos 1 y 2). Cuando estén casi a punto, retíralos y pon los lomos del bacalao con la piel hacia arriba. Cuando estén cocidos, da la vuelta al bacalao; comprobarás cómo va liberando el colágeno que contiene el propio bacalao (foto 3).

Retira el bacalao del fuego para proceder a hacer el *pil-pil*. El aceite tiene que estar tibio, pero nunca debe quemarse. Si se calienta en exceso, se puede quemar la gelatina y no emulsionaría. Ve vertiendo poco a poco al aceite tibio el agua que has obtenido antes (ten en cuenta que debes añadirla lentamente y en pequeñas cantidades) y, con la ayuda de un colador, ve dando vueltas en forma circular poco a poco (foto 4). Enseguida empezará a emulsionar; la textura será similar a una mayonesa. Para finalizar, añade sal. Si el aceite aumenta mucho de temperatura, también se puede agregar un poco de hielo frapé, ya que ayudará a enfriar un poco la preparación.

Cocochas de **bacalao** al **pil-pil** con arroz cremoso de **almejas**

2
personas

Para las cocochas
- 10 cocochas de bacalao
- 4 ajos
- 1 chile guajillo sin venas ni semillas
- aceite de oliva

1. En primer lugar, limpia bien las cocochas de bacalao, retirando la telilla negra que pudieran tener. Sécalas bien para quitar el exceso de agua.
2. Pica bien el ajo y el chile guajillo y confítalos (con el aceite tibio) a fuego bajo. A continuación, retíralos del fuego y pon las cocochas por el lado contrario a la piel. Deja que se cuezan durante un par de minutos y dales la vuelta. Las cocochas, al tener una gran cantidad de gelatina (es la parte del bacalao que más tiene), emulsionarán con mucha rapidez. Resérvalo.

Para el arroz cremoso de almejas
- 6 almejas frescas
- 80 g de arroz
- una cucharadita de mantequilla
- 200 ml de caldo de pescado (puedes aprovechar el caldo de cocción de almejas)
- 1 ajo
- aceite

3. Abre las almejas con vapor en un sartén con un poco de agua. Una vez empiecen a abrirse, sácalas rápidamente y retira la concha. Reserva las almejas y conserva el agua obtenida para hacer el arroz.

4. En un cazo, vierte un poco de aceite y sofríe un ajo cortado en láminas finas. A continuación, añade el arroz y sofríe (este paso es importante a la hora de preparar arroces). Después, añade el caldo poco a poco. Transcurridos 17 minutos, aproximadamente, el arroz estará en su punto. Justo antes de retirarlo del fuego, agrega la mantequilla y remuévelo con fuerza con una cuchara, para que el arroz quede mucho más cremoso. Resérvalo.

Montaje

5. En el fondo del plato, coloca una cucharada de arroz cremoso e incorpora las almejas. Por último, corona el plato con las cocochas y napa (salsea) con el *pil-pil*. Espolvorea con un poco de cebollín picado. Guarnicione con navajas cocidas y sin su concha.

Truco para alcanzar el mismo punto de cocción en todas las raciones

Al cocinar pescado, es importante conseguir un punto de cocción óptimo. Con estos pequeños trucos aprenderás a que todas las raciones tengan el mismo punto de cocción.

En primer lugar, corta el pescado en raciones del mismo tamaño y peso. Si hubiera partes más finas, como la cola, cocínalas aparte y no con el resto, ya que al ser mucho más finas se pasarían. Cocina primero las partes más gruesas, calcula el tiempo que ha tardado la cocción e introduce el resto en el horno la mitad del tiempo, dependiendo del grosor de la ración. Otra opción es juntar dos partes más finas y cocinarlas una encima de la otra. De este modo conseguirás que se cocine en el mismo tiempo que las otras más gruesas.

Truco para escabechar pescado

Para escabechar pescado, lo ideal es que esté muy fresco.

En primer lugar, retírale las espinas y evíscéralo adecuadamente. A continuación, prepara una mezcla de aceite (medio litro), vinagre (un cuarto de litro; el vinagre de Jerez es perfecto), sal, soya (un cuarto de litro) y pimienta. La mezcla de aceite debe ser 40% oliva, 60% girasol, pues, de lo contrario, predominaría el sabor del aceite y no el del escabeche. Cuece esta preparación en un cazo durante unos 15 minutos y deja que se enfríe.

Para escabechar es conveniente partir del escabeche frío, ya que de este modo resulta mucho más sabroso.

Una vez esté preparado el escabeche, marca el pescado en un sartén para que tome color. A continuación, introdúcelo en frascos de conserva junto con el escabeche. Cuece a baño María durante unos 40 o 50 minutos. De este modo, conseguirás un escabeche sabroso y rico. Puedes conservar el pescado dentro de los frascos de conserva junto con el escabeche.

Truco para marinar pescados

Una manera diferente de comer pescado es utilizando la técnica del marinado. Con ella, conseguirás un sabor original, fresco y muy ligero. Para ello, necesitas un trozo de pescado fresco sin espinas, escamas o vísceras.

Prepara una marinada con aceite de oliva, ajo picado, perejil o cebollín picado y el jugo de 2 limones (este último se puede sustituir por vinagre de vino). Asimismo, puedes emplear cebolla cortada en juliana (foto 1).

repose en refrigeración durante 2 horas, aproximadamente (foto 2). Transcurrido este tiempo, sácalo del refrigerador y lo tendrás listo para cocinarlo de muchas formas, por ejemplo, al horno a 180 °C durante 7 minutos, enharinado y frito, o salteado en un sartén. Si no se deseara comer ese mismo día, también se puede conservar el adobo en refrigeración durante tres días, aproximadamente. Esta elaboración puede prepararse con antelación.

Corta el pescado en dados o en porciones, de ser posible del mismo tamaño y peso. Este paso es importante para que la marinada penetre de manera homogénea en todos los trozos; si, por el contrario, unos fueran más pequeños que otros, no todos quedarían marinados por igual.

Mezcla bien el pescado con la marinada para que ésta se distribuya bien y deja que

Atrévete con una tártara de atún. Para ello, corta el atún en dados pequeños, ponlo en un tazón y condiméntalo con el jugo de 1 limón, alcaparras, pimienta, menta, aceite de oliva y sal. Déjalo reposar en refrigeración unas horas y, cuando lo vayas a servir, emplátalo con la ayuda de un aro.

Truco para evitar los anisakis

Los anisakis son parásitos que se encuentran en las vísceras y los intestinos de los pescados. Suelen ser más frecuentes en los pescados azules y blancos, aunque también se encuentran en los pescados salvajes. Los pescados de piscifactoría no suelen estar contaminados con este parásito. Con un par de trucos, podrás evitar estos molestos parásitos.

El primero consiste en congelar el pescado a una temperatura inferior a -18 °C durante un periodo mínimo de 48 horas.
Otro truco es freírlo u hornearlo a una temperatura elevada, ya que el calor consigue eliminar los anisakis. Hay que tener en cuenta que los vinagres, los marinados o los ceviches no son suficientes para acabar con el parásito, con lo que no es recomendable usar estos métodos sin haber congelado previamente el pescado.

Truco para eviscerar el pescado

Aunque siempre existen excepciones, las vísceras del pescado no suelen tener ningún valor culinario.
Para limpiarlas con rapidez, practica un corte en el vientre, con mucho cuidado de no romper las vísceras. A continuación, bajo el grifo, presiona desde la espina inferior hacia

arriba. De este modo también retirarás de una vez todas las tripas y las vísceras.
Para quitar los dientes (si los tienen) y las branquias, ayúdate de unas tijeras. Realiza un ligero corte en la parte superior y otro en la inferior y, para que salgan de una manera rápida, tira de las branquias.

Truco para cocer un pulpo

Por lo general, es bastante evidente la gran diferencia de precio que existe entre un pulpo ya cocido y otro crudo (foto 1). Esto se debe a que el pulpo con la cocción sufre una gran merma en su peso. Sin embargo, muchas veces no lo compramos crudo porque no sabemos si nos quedará duro.

Con este truco aprenderás a cocerlo y a que te quede perfecto.
Lo primero que tienes que hacer es lavar bien el pulpo, sobre todo la zona de los tentáculos, que es donde se suelen acumular los residuos. Es muy importante eliminar la suciedad antes de cocerlo, ya que

1

2

3

4

el tiempo según el peso. A modo orientativo, se debe cocer 18 minutos por cada kilo de pulpo. Una vez transcurrido el tiempo de cocción, pincha con un objeto punzante en un tentáculo para saber si está cocido a nuestro gusto. Si es así, sácalo del agua y deja que se enfríe a temperatura ambiente. Ya está listo para comer.

Es preferible que el pulpo esté al dente y con la piel perfectamente pegada a la carne (foto 4). Puedes cortarlo con una tijera (la manera más tradicional) o con un cuchillo. Si deseas degustar todo el sabor del pulpo, es conveniente comerlo caliente.

de lo contrario resultará imposible una vez esté cocido.

Cuando hayas limpiado el pulpo, lleva a ebullición una olla grande con agua. Una vez que comience a hervir, añade sal y una cebolla. Coge el pulpo por la cabeza y sumérgelo y sácalo 3 veces seguidas, operación que se conoce con el nombre de asustar (fotos 2 y 3). A continuación, introduce el pulpo en la olla para que se cueza. Es importante respetar

Pulpo a la **plancha** con crema de **papa** y aceite de **pimentón**

30'
1h40'

4
personas

Para el pulpo
• 120 g de pulpo por ración

1. Cuece el pulpo como se ha indicado en el truco anterior y corta los tentáculos en rodajas.
2. En un sartén caliente con un poco de aceite, márcalo por ambos lados, hasta que adquiera un tono dorado. Retíralo y resérvalo.

Para la crema de papa
• 3 papas alfa
• 50 g de mantequilla
• 100 ml de crema líquida
• sal y pimienta

3. Pela las papas y córtalas en cachelos, término que se emplea para designar el corte de una papa en gajos con un cuchillo, siempre de arriba hacia abajo, y del centro al exterior, de manera que cruja. Hiérvelas durante 25 minutos aproximadamente. Una vez que estén blandas, ponlas en el vaso de la licuadora de inmersión y licúalas mientras agregas poco a poco la misma agua de la cocción. Cuando obtengas la textura deseada, incorpora la mantequilla y la crema y salpimienta. Resérvala en caliente.

Para el aceite de pimentón
• 50 ml de aceite de oliva
• 50 ml de aceite de girasol
• 1 cucharada de pimentón dulce

4. Templa los aceites. Ten en cuenta que el aceite debe estar templado y no caliente, ya que de lo contrario al añadir el pimentón se quemaría y haría que el plato amargara. Agrega el pimentón y mézclalo con una licuadora de inmersión para obtener un aceite homogéneo con un sabor natural a pimentón. Es importante emplear estos dos tipos de aceite porque si solo se usara de oliva dominaría sobre el sabor del pimentón.

Montaje

5. Coloca una cucharada de crema de papa en el fondo del plato, pon unas rodajas de pulpo a la plancha encima y corona con un chorrito de aceite de pimentón. Decora el plato con unas hojas de arúngula.

Truco para preparar calamares tiernos

Al comprar calamares, es normal tener dudas sobre si quedarán tiernos, algo que depende en gran medida del tipo de calamar; pero con este pequeño truco resultará más fácil que quede un poco más tierno y se cocine de manera homogénea.

En primer lugar, decántate por calamares pequeños, ya que así tendrás más probabilidades de que sean tiernos. Ciertos calamares son excesivamente grandes y también muy duros.

Limpia los calamares; para ello, quítales las tripas, la parte de la cola y los tentáculos. Retira también las aletas. Ábrelos por la mitad para obtener dos filetes y, con la ayuda de un cuchillo, ve practicando cortes romboidales, pero sin atravesar la piel. También debes realizar los cortes por la parte exterior (foto 1). A continuación, ponlos en un sartén con aceite

2

caliente. Al instante, advertirás que al entrar en contacto con el calor, se encogerán y se convertirán en un cilindro perfecto. Deja que se cuezan durante unos minutos y retíralos del fuego. Con ello conseguirás que los calamares se cocinen perfectamente por todos los lados y, además, obtendrás una forma sugerente y apetecible (foto 2). Estos calamares se pueden aderezar con un aceite de ajo y perejil o con una salsa elaborada con su propia tinta. Aunque este truco es ideal para saltearlos.

1

Con los calamares puedes preparar una infinidad de platos: a la plancha, empanizados, rellenos, al vapor, en salsa, en arroces, acompañando verduras, ensaladas y platos de pasta. Y con su tinta, colorea arroces y salsas para dar un toque original a tus platos.

Truco para preparar atún en conserva

Para preparar atún en conserva necesitarás 1 kg de atún y la misma cantidad de agua que de vinagre, por ejemplo, 1/2 litro de uno, además de aceite, ajo, sal, pimienta y hierbas aromáticas, como estragón, laurel, tomillo y orégano. En primer lugar, corta el atún en dados y aromatízalo con las hierbas aromáticas durante un rato. A continuación, pon a hervir el vinagre y el agua junto con unos dientes de ajo, el laurel, la pimienta, el estragón y sal. Añade el atún, que tiene que quedar siempre cubierto de líquido, y deja cocer unos 30 minutos. Al terminar la cocción, deja que los dados de atún se enfríen y después escúrrelos. Introdúcelos en los frascos de conserva y cúbrelos con aceite de oliva. Añade unas ramitas de tomillo, ciérralos herméticamente, déjalos reposar 1 noche y consérvalos en el refrigerador.

TRUCO FÁCIL

Truco para hacer un ceviche de pescado

TRUCO con RECETA

El ceviche es un plato repleto de sabor, frescura, sencillez y equilibrio. El principal secreto de esta preparación reside en que el pescado sea muy fresco. Para este plato se suelen preferir pescados blancos (como el mero o el huachinango), y algunos azules como el salmón o incluso algún cefalópodo como el pulpo o algún marisco de concha como el callo de hacha (fotos 1 y 2). La cebolla que se debe emplear es la morada, ya que es un poco más dulce.

Córtala muy fina antes de incorporarla a la preparación (foto 3). Una de las hierbas aromáticas que se emplean en el ceviche es el cilantro, que le aporta un sabor único. También puede añadirse hierbabuena, que le dará un toque de frescura.

Un buen truco es enfriar bien el tazón donde se vaya a preparar el ceviche, ya sea introduciéndolo en el refrigerador o con la ayuda de unos cubitos de hielo.

Asimismo, es esencial que los limones sean de

1

2

un verde vivo. Otro de los trucos importantes es mezclar el cítrico (limón o naranja agria) justo en el momento de terminar el plato, ya que el cítrico cocina el pescado y, si se hace demasiado, suelta todos sus jugos y altera el sabor del pescado (foto 4).

Ceviche de callo de hacha y frutas

15'

2
personas

$$

Para el ceviche de callo de hacha y frutas
- 2 callos de hacha
- el jugo de 2 limones + 2 piezas enteras
- el jugo de 1 naranja
- 1 carambola
- 1 manzana verde
- 1 cebolla morada
- cilantro
- sal

1. Corta los callos de hacha en trozos pequeños si son piezas grandes, o a la mitad si son chicos. Resérvalos.

2. Mezcla los jugos y añade la carambola y la manzana verde, también cortada en cubos. Corta la cebolla morada en juliana muy fina e incorpora todos los ingredientes. Por último, agrega unas hojas de cilantro picadas, sal al gusto y deja que repose durante 5 minutos.

Montaje

3. Corta los limones enteros por la mitad y monta sobre ellos el ceviche previamente escurrido. Para coronar el plato y darle más colorido, coloca una rama de cilantro.

Truco para limpiar pescados pequeños

En el mercado existe una poco conocida, pero considerable oferta de pescados pequeños. El problema es que muchas personas desconocen cómo limpiarlos y prefieren consumir pescados más grandes y fáciles de limpiar. Estos pescados aceptan una infinidad de elaboraciones: en salazón, marinados, adobados, fritos, en tempura o ahumados. Pero, para que estas preparaciones resulten un éxito, es necesario hacer bien lo primordial, que es limpiarlos. El pescado pequeño tiene un gran número de espinas muy pequeñas y finas. Asimismo, contiene sangre (en el truco para desangrar pescados se explica cómo quitarla).

Lo primero que tienes que hacer es retirar las tripas; para ello, introduce el pulgar por la tripa y, con cuidado, asciende arrastrando las tripas hacia el exterior hasta quitarlas (foto 1). Después, retira la cabeza con las manos, y sepárala del lomo. A continuación, coge la espina desde la parte de la cabeza con los dedos y tira de ella con sumo cuidado para no quitar la carne hasta separarla del todo de los lomos (foto 2). Si deseas dejar la cola, corta la espina con la ayuda de unas tijeras. Por lo general, para freírlos, quítales la cola, pero si los vas a preparar en salazón, marinados o adobados, déjala.

Truco para preparar carpaccios de marisco

Los *carpaccios* (pescado o carne crudos, cortados en láminas finas) son un plato delicioso e internacional. Con este truco se enseña a elaborarlo con camarones o langostinos. En primer lugar, pela los camarones y quítales la cabeza. A continuación, elimina el intestino; para ello, practica un fino corte en la parte superior del camarón y retira el hilillo negro donde se encuentra el intestino del marisco. Una vez que lo hayas sacado, coloca los camarones sobre un trozo de plástico autoadherible y añade otra capa de plástico.

Después, con la ayuda de un aplanador o, en su defecto, con la base de un cazo, dale tres golpes secos para que los camarones queden tan finos como un papel (foto 1). Introduce el marisco en el congelador durante 1 hora. Transcurrido este tiempo, advertirás cómo los camarones se han convertido en una lámina muy fina (foto 2).

Sácalos del plástico autoadherible antes de que se descongelen (al quedar tan finas se descongelan con mucha rapidez), colócalas en un plato y aderézalas con una vinagreta y unas pizca de sal. Esta misma elaboración se puede realizar con otros tipos de pescado. El *carpaccio* se puede acompañar con una ensalada fresca.

Truco para limpiar moluscos

Los moluscos suelen tener mucha arena en su interior, que, si no se elimina antes de cocinarlos, puede estropear el plato. En primer lugar, asegúrate de que estén frescos y en perfecto estado (ver truco para saber si un molusco está fresco). Después, lávalos bien con agua fría e introdúcelos en un tazón con agua con sal. La proporción de sal sería de un 10% de sal por cada litro de agua. Con esto conseguirás que si tienen arena la expulsen y el bulbo quede mucho más limpio.

En el caso de los moluscos que se pueden abrir vivos (almejas, ostiones, callos de hacha), tan solo tendrás que lavarlos con un poco de agua fría o agua de mar.

TRUCO FÁCIL

Truco para aumentar el tamaño de los pescados

Una buena manera de aumentar el tamaño de un pescado es empanizándolo; sin embargo, con este truco, su tamaño se duplicará. En primer lugar, limpia el filete de pescado; para ello, elimina las espinas y la piel. A continuación, enharínalo, procurando que la harina esté bien tamizada para que no queden grumos. Seguidamente pásalo por huevo batido (añade un chorro de aceite de oliva y, después de batirlo bien, habrá duplicado su volumen) y, por último, rebózalo en Panko, que es un tipo de pan rallado japonés que queda muy crujiente y conserva todos los jugos del pescado. Fríelo en abundante aceite muy caliente para que quede crujiente.

Truco para saber si un molusco está fresco

Una buena señal para saber si los moluscos de concha están muy frescos es que las conchas suelen permanecer cerradas o ligeramente abiertas y, con el más leve contacto, se cierran automáticamente. No obstante, antes de cocinarlos, introdúcelos en agua fría con sal. Si los moluscos están en perfecto estado, no deberían abrirse. Si, por el contrario, alguno se abriera, deséchalo al instante. Asimismo, es importante que retires los que estén dañados o rotos. Por otro lado, si tras cocinarlos vieras alguno cerrado, ten en cuenta que no son aptos para comer. Los moluscos tienen que estar bien depurados para tener la certeza de que se pueden consumir con total confianza.

Truco para aprovechar las cabezas y las pieles del marisco

Normalmente, no se suelen aprovechar las cáscaras de los camarones o langostinos. Lo que se suele hacer en todas las casas es, o tirarlas a la basura (un gran error), o hervirlas en agua para preparar un caldo de marisco que no suele ser demasiado bueno porque normalmente no se elabora correctamente. En las cabezas se suelen encontrar todos los jugos y, a su vez, el sabor de los mariscos, más incluso que en los propios cuerpos de estos. Si las cabezas se hierven en agua en crudo, cuando suelen superar un tiempo de cocción superior a 30 minutos, suelen oler a amoniaco; aunque no es tóxico, su sabor no es del todo agradable. Si obras del siguiente modo, obtendrás una base de marisco para poder elaborar posteriormente distintas preparaciones.

1. Si deseas aprovechar todo bien, lo ideal es que prepares un fondo a base de cebolla, zanahoria y poro. Sofríe las verduras, añade las cabezas y las carcasas de los mariscos, cuécelas unos minutos (foto 1) y vierte un vaso de cualquier licor (tipo brandy). Incorpora cuatro dedos de agua y cuece durante 25 minutos, aproximadamente.

2. Retira la cacerola del fuego y licúalo. Después, pásalo por un colador fino y obtendrás una base para hacer lo que desees: una salsa de marisco para un pescado, una crema o un fondo para mojar un arroz (foto 2). Esta elaboración también se puede congelar, o incluso en frío, se puede mezclar con aceite de oliva para preparar una vinagreta.

Truco para detener la cocción de un marisco

Cuando se cuece en casa, muchas veces no se consigue que el marisco quede en su punto óptimo de cocción. Es bastante frecuente olvidarse de que una de las cosas más importantes es detener la cocción, es decir, enfriarlo.

Para ello, cuando vayas a cocer en casa cualquier tipo de marisco, siempre ten a mano un tazón con agua fría, hielo y, algo esencial, sal. Cuando el marisco haya alcanzado el punto de cocción deseado, introdúcelo en el agua helada, que evitará que se siga cociendo en su propio calor. Con la sal impedirás que pierdan su sabor a mar.

Truco para abrir moluscos fácilmente

Abrir moluscos es muy sencillo. Existen dos opciones. Una de ellas es abrirlos con la ayuda de un cuchillo mondador o un cuchillo pequeño. Se trata de un procedimiento un poco más complicado, pero que resulta muy eficaz en el caso de las almejas y los ostiones. Para ello, sujeta el molusco con un trapo de cocina para que no se resbale e introduce un cuchillo de punta redondeada (si tuviera punta correrías el riesgo de cortarte) y rasca en la parte superior del bulbo para romper el nervio que sujeta la carne a la concha; de este modo, el bulbo saldrá solo. Otra opción es cocinarlos al vapor, un método ideal para mejillones y almejas. Pon los moluscos en un cazo con un dedo de agua, sal, una rodaja de limón y unos granos de café. Tápalo y ponlos a fuego fuerte. Cuando empiecen abrirse, retíralos del fuego para que no se pasen y quita la concha. Ya están listos para cocinar o para degustarlos tal cual.

Truco para cocer y pelar un bogavante

A la hora de adquirir un bogavante vivo en la pescadería es posible que dudes sobre cómo cocinarlo sin que la pieza comprada se pase o se desperdicie en exceso. Lo primero que debes hacer es introducir un palillo largo, tipo brocheta, poco a poco, por la parte inferior, y desde la cola a la cabeza, para que la cola del bogavante quede totalmente recta y con la cocción no se encoja (foto 1). De este modo te resultará más fácil obtener los medallones.

Después, lleva a ebullición una cazuela con agua, y cuando rompa a hervir, introduce unos granos de pimienta, una hoja de laurel y un

1

2

puñado de sal marina. A continuación,
mete los bogavantes en la cacerola
(foto 2) y deja que cuezan alrededor de
10-11 minutos. Normalmente las piezas que
venden en las pescaderías suelen pesar 0,5 kg;
si el bogavante pesara más, habría que sumar
1 minuto por cada 100 g que supere este
peso. Una vez cocido, deja que se enfríe
en agua con hielo y un poco de sal.
Una vez que esté del todo frío, pélalo
empezando por la cabeza (foto 3), y después
quítale las patas, pero deja el cuerpo. Con la
ayuda de unas tijeras, por la parte más blanda,
corta el caparazón con cuidado de no dañar
la carne. Ésta saldrá sola con un ligero golpe
(foto 4).
Para pelar las pinzas, quita el lado de la pinza
más pequeña con un cuchillo (con la parte
contraria al filo) y dale un golpe seco en la
parte más gorda de la pinza. Con ello podrás

desprender con facilidad el resto de la concha
y sacar la carne entera sin dañarla (foto 5).
En el caso de la cabeza hay 2 opciones: cortarla
por la mitad y comerla tal cual o vaciar el interior
y reservar la carne para hacer una vinagreta con
la que aderezar el resto de bogavante, como se
muestra en la siguiente receta.

Bogavante con **tártara** de aguacate y **piña** con **vinagreta** de su **coral**

2
personas

Para el bogavante

- 1 bogavante de 0,5 kg
- laurel
- sal y pimienta

1. Cuece el bogavante y pélalo como se ha explicado en el truco anterior.
2. Una vez cocido y pelado, corta la cola en medallones y resérvala en una charola o un plato cubiertos con plástico autoadherible para que no se seque la carne.

Para la tártara de aguacate y piña

- 1 aguacate
- 1 limón
- 2 jitomates bola
- 200 g de piña pelada
- aceite
- salsa inglesa
- vinagre de Jerez
- sal y pimienta

3. En primer lugar, debes pelar el aguacate. Retira la semilla y corta la pulpa en dados del tamaño de la uña del dedo meñique. Rocíala con el jugo del limón y resérvala. Pela los jitomates y córtalos del mismo tamaño que el aguacate. Ponlos en un tazón. Corta la piña.
4. Mezcla la piña con el jitomate (solo con el jitomate) y aderézala con aceite de oliva, la salsa inglesa, el vinagre de Jerez, la sal y la pimienta. Resérvala.

Para la vinagreta de su coral

- 1 cabeza de bogavante
- aceite de oliva
- vinagre
- sal y pimienta

5. Pela la cabeza, extrae el interior y ponlo en el vaso de la licuadora de inmersión. Añade vinagre, sal y pimienta y licúa. Ve agregando poco a poco aceite de oliva en hilo. Emulsiona la vinagreta hasta que adquiera la textura de una mayonesa. Resérvala.

Montaje

6. Con la ayuda de un molde, coloca una base de dados de aguacate y una capa de piña con jitomate. Coloca las rodajas de cola de bogavante encima de la piña. Napa con la vinagreta de su coral. Puedes incorporar unas hojas de lechuga para completar el plato.

Truco para cocer un bogavante o un cangrejo al que le falta una pata

Los mariscos que tienen pinzas o patas suelen ser propensos a perder alguna, hecho que a la hora de cocerlos supone un problema, ya que al sumergirlos en agua, por ese orificio penetra bastante líquido que, por regla general, suele estropear las otras partes del marisco.

Para ello, antes de cocerlos, es conveniente examinarlos bien por si le falta alguna extremidad. Si ese es el caso, tapa el orificio con bastante miga de pan, puesto que de este modo se crea un tapón natural que impedirá que penetre el agua.
Cuando esté cocido y frío, retira la miga de pan y lo tendrás listo para degustar.

Truco para cocer percebes

Los percebes son mariscos exóticos y de precio elevado, pero deliciosos. Además, su sabor a mar hace de él un bocado exquisito. Pero los percebes requieren una buena cocción, y, al contrario que otros mariscos, se tienen que degustar calientes.
Para disfrutar de unos buenos percebes, en primer lugar, lávalos bien en agua fría y después llévalos a ebullición con unos 70 g

de sal por cada litro de agua.
Cuando rompa a hervir, hay que calcular un minuto de cocción. A continuación, ponlos en un plato, tápalos con un trapo seco y ya están listos para degustarlos.
Esta receta no puede prepararse con antelación, ya que los percebes deben comerse calientes y recién hechos, de lo contrario perderían casi un 50% de su sabor.

Truco para hacer langostinos a la plancha

Cuando se preparan langostinos a la plancha, es frecuente dudar si su interior está cocido o no. Con este truco te asegurarás de que el langostino esté perfectamente cocinado y que tenga un sabor muy especial.

Primero, debes cortar el langostino por la mitad con un corte transversal. Golpea las pinzas para que se abran un poco y pueda penetrar el calor (fotos 1 y 2). En una plancha o sartén antiadherente bien caliente, coloca los langostinos por la parte de la carne y deja que se cuezan unos minutos hasta que estén bien dorados. Dale la vuelta, deja que se cuezan otro par de minutos y retíralos del fuego. Añade sal y sírvelos.

También puedes poner los langostinos sin cortar en un sartén bien caliente y dorarlos por todos los lados. Una vez estén marcados, introdúcelos en el horno a 180 °C durante 4 minutos. Aunque esta segunda opción también es buena, la primera es la más fiable y también la más deliciosa.

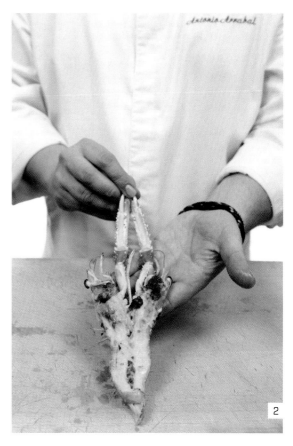

Truco para saber cuál es la mejor temporada para elegir el marisco

Se suele decir que comprar el marisco fresco en los meses cuyo nombre contenga la letra "r" supone una gran garantía, sobre todo si se trata de los meses de noviembre a marzo. No obstante, conviene puntualizar un poco más centrándose en el tipo de marisco. La temporada idónea para consumir ostiones y mejillones es de diciembre a junio; los camarones y jaibas, durante todo el año; y los langostinos, de octubre a febrero y de mayo a agosto.

También hay que tener en cuenta que estas temporadas oscilarán en gran medida dependiendo de los posibles temporales o cambios de temperatura.

Carnes y aves

Truco para comprar un buen entrecot

A la hora de elegir un corte como el entrecot para comer en casa, es normal tener dudas de cómo elegir la mejor parte entre todas las del mostrador. Con estos pequeños trucos la elección puede ser inmejorable.

En primer lugar, tendrás que fijarte en la grasa de la pieza, ya que te informará de muchas cosas. Una grasa amarillenta indica que la curación de la carne está avanzada, y casi asegura que la pieza sea tierna, al mismo tiempo que tendrá un sabor muy apetecible (foto 1). Las grasas blancas, semejantes a un folio, pertenecen a piezas recién matadas o que han estado muy poco tiempo en la cámara, y se corre el riesgo de que todavía estén un poco duras. También tendrás que fijarte en el marmoleado, que es la grasa que se encuentra dentro de la carne (foto 2). La carne siempre debe estar marmoleada, ya que aportará sabor y jugosidad. En el momento de cocinarla, la grasa del interior de la carne se fundirá y dotará a la pieza de un gran sabor. Por el contrario, si no tiene nada de grasa marmoleada, la carne suele quedarse seca e incluso un poco dura.

Y, por último, si puedes escoger, intenta que la carne sea de la parte alta del lomo, ya que se trata de piezas más grandes y más fáciles de cocinar.

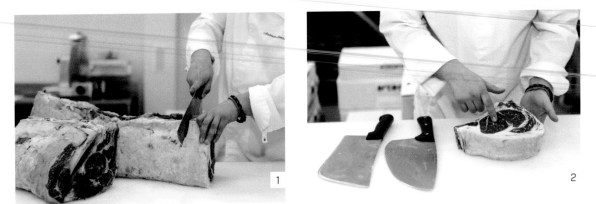

1

2

Truco para hacer una buena hamburguesa de ternera

Para obtener una buena hamburguesa casera de ternera, lo primero que debes hacer es elegir bien la pieza de carne, para después molerla. Así, es recomendable pedir al carnicero de confianza que consiga una pieza de ternera tierna y marmoleada de grasa (foto 1). En la canal del animal hay varias piezas; la que más me gusta a mí es la bola de res, ya que es muy tierna y tiene la cantidad de grasa necesaria para que no se seque la carne a la hora de cocinarla. Una vez que la pieza esté limpia y molida (se pide al carnicero que la muela en su molino de carne), podemos proceder a elaborar la hamburguesa (fotos 2, 3 y 4). Mezcla en un tazón la carne, que previamente habrás salpimentado, y mézclala con un ajo picado muy fino y una ramita de perejil también picada. Para terminar, bate un huevo y mézclalo poco a poco con la preparación anterior. Una vez obtenida la masa de la hamburguesa, dale forma. Para ello, haz unas bolas (tipo albóndigas) de 140 g y aplástalas con la palma de la mano para que adquieran forma de hamburguesa. A mí, personalmente, me gusta que quede irregular, puesto que así se ve que son caseras (foto 5).

Introdúcelas en el refrigerador durante 2 horas para que reposen y se asiente la carne. Después, ponlas en la plancha al gusto (medio, tres cuartos o bien cocido). Esta misma elaboración se puede hacer con otro tipo de carne, ya sea cerdo, ave o pescado.

Hamburguesa de **ternera** y **trufa** con salsa de queso

25'
8'

2
personas

Para la hamburguesa de ternera y trufa
• 240 g de carne molida de ternera
• 1 huevo
• perejil picado
• 1 ajo picado
• 3 g de trufa en conserva o aceite de trufa
• sal y pimienta

1. Mezcla la carne con todos los ingredientes y deja que repose en el refrigerador como se ha explicado en el truco anterior. En cuanto a la trufa, existen varias opciones: la primera es rallar una trufa en conserva, que se encuentra disponible en botes y que se comercializa en algunos supermercados, y la segunda consiste en aromatizar la hamburguesa con un aceite con esencia de trufa que se vende en los establecimientos gourmet. En cualquiera de los casos, debes añadir la trufa cuando mezcles todos los ingredientes.

2. Por último, cuece la hamburguesa a la plancha antes de montar el plato.

Para la salsa de queso
• 1/2 cebolla picada
• aceite
• 250 g de queso azul
• 50 ml de crema líquida
• 400 ml de caldo de pollo

3. Saltea la cebolla en el aceite hasta que esté transparente, agrega el queso y la crema líquida, deja que el queso se deshaga por completo e incorpora el caldo de pollo. Deja que cueza durante 10 minutos y pasa la preparación por la licuadora. Pásala por un colador fino y resérvala en caliente.

Para el pan

- 1 rebanada de pan de caja sin orilla

4. Con la ayuda de un rodillo, estira la rebanada de pan y córtala con un cortador circular, si es posible del mismo tamaño de la hamburguesa.
5. En un sartén sin aceite ni mantequilla, dora el pan hasta que esté crujiente. Resérvalo.

Montaje

6. Coloca la hamburguesa en el centro del plato con la salsa alrededor y corona con unas láminas de trufa y el crujiente de pan en la parte superior.

Truco para limpiar un filete de ternera

Una de las partes más apreciadas de todos los animales es el filete. En este caso se limpiará uno de ternera, una pieza que se encuentra pegada a la zona del costillar (foto 1). Con estos pequeños trucos, aprenderás a limpiarlo con mucha facilidad. El filete, por naturaleza, es una carne muy tierna, de modo que lo único que tienes que quitar es la grasa sobrante y la tira que une

el cordón de este. Pasa el cuchillo con mucho cuidado por la grasa, retirándola poco a poco para no eliminar nada de carne. Quita el cordón pasando el cuchillo por la abertura que hay entre la parte central y éste, y después tira con fuerza de él para que se desprenda del todo. Esta operación es muy sencilla y no debes tener miedo, ya que se desprende muy fácilmente.

El filete carece de nervio, pero si tiene una tira fina de piel que une el tronco de esta pieza con la cabeza de la misma, es necesario quitarla, ya que en boca es poco agradable. Pincha el cuchillo como se muestra en la foto 2 y, a ras de la piel, ve retirándola poco a poco sin llevarte nada de carne. Una vez concluido este paso, ya tienes el filete listo para cortarlo en raciones o para cocinarlo entero.

Este tipo de carne admite multitud de elaboraciones, pero siempre debe cocinarse poco, ya que es una carne muy jugosa que si se pasa en exceso queda muy seca.

Truco para cortar un filete en raciones

El filete se suele dividir en varias partes: la punta (parte posterior), el centro y la cabeza. El problema a la hora de cortarlo en raciones es que todos los trozos no suelen quedar igual, ya que cada zona del filete tiene un grosor determinado. Para ello existe un truco perfecto que permite aprovechar todas las partes del filete; además, conseguirás que todas las raciones tengan el mismo aspecto.

Primero, dobla la punta del filete y colócalo sobre un rollo de plástico autoadherible. Empieza a enrollarlo presionando sobre las partes exteriores para prensarlo por completo hasta obtener un cilindro perfecto en el que todas las partes tengan el mismo grosor (foto 1). Deja que repose con el plástico durante 2 horas para que se conserve la forma. Transcurrido este tiempo, corta el filete (foto 2). Después de cortar todas las raciones, comprobarás que tienen una forma circular perfecta y que el peso de cada una es prácticamente el mismo. Esto es muy útil a la hora de cocinarlos, ya que al ser todos del mismo tamaño, necesitarán el mismo tiempo de cocción.

Otra opción consiste en que, después de retirarlo del plástico autoadherible, lo envuelvas en tocino para preservar la forma circular después de cocinarlo. Al mismo tiempo, con ello aportas un toque de grasa del que el filete carece. Para esta técnica, recomiendo filetes de 2-2,5 kg bien limpios.

CARNES Y AVES

Truco para salar la carne

Es bastante frecuente dudar de cuándo hay que añadir la sal a la carne, si antes, durante o después de la cocción. Con estos consejos, sabrás cuándo y cómo poner la sal.

La sal se incorpora antes de asar o cocer la carne, ya que de este modo tendrá el punto de sal deseado durante la cocción.

Si la vas a cocinar a la plancha, agrégala en el momento de cocinarla y nunca antes, ya que esta haría que la carne liberara sus jugos, y de esta manera quedaría seca.

Otra opción (tal vez la mejor) consiste en emplear sal de grano una vez que la carne esté cocinada a la plancha o a la parrilla.

Truco para congelar carnes rojas

Si no se van a consumir, es preferible congelar las carnes rojas lo antes posible; de este modo, si no se van a comer, no hay que curarlas. Para que no entre agua y se cristalice en la carne, hay que congelarlas de la manera más hermética posible. Para ello, envuélvelas bien en plástico autoadherible para que no se formen bolsas de aire.

También es importante retirar la grasa de las carnes rojas para congelarlas, ya que esta, aunque esté congelada, suele ponerse rancia y puede estropear la carne.

Asimismo, es interesante congelarlas en raciones pequeñas para sacar solo la que se precise, ya que esta carne no se puede volver a congelar.

Truco para cocinar y deshuesar cola de res

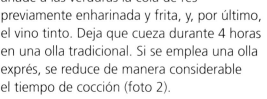

Uno de los platos menos conocidos pero más sabrosos es la cola de res.

Normalmente se trata de un plato que se sirve cortado en rodajas y con el hueso, pero con este truco te resultará muy fácil deshuesarlo y aprovecharlo al cien por cien.

En primer lugar, hay que cocinar la cola en rodajas de la manera tradicional, con una mezcla de verduras (cebolla, poro y zanahoria) [foto 1]. Para ello, añade a las verduras la cola de res previamente enharinada y frita, y, por último, el vino tinto. Deja que cueza durante 4 horas en una olla tradicional. Si se emplea una olla exprés, se reduce de manera considerable el tiempo de cocción (foto 2).

Una vez cocinada la cola y mientras todavía esté caliente, pero sin que queme, desprende toda carne del hueso, separándola bien (foto 3). Una vez desmenuzada la carne, colócala sobre un trozo de plástico autoadherible, presiónala para que adquiera una forma circular y pincha el plástico para evitar que queden bolsas de aire en su interior (foto 4). Prénsalo bien y deja que repose en el refrigerador durante 2 horas. Con esto se consigue que quede homogéneo, con la gelatina natural que tiene la cola de res. Una vez esté frío, córtalo (foto 5) y márcalo en un sartén por ambos lados, para, por último,

calentarlo en el horno. De esta manera se obtiene una carne totalmente libre de hueso y se consigue un bocado delicioso.

Cola de res estofada al vino con migas integrales crujientes y puré de calabaza

4
personas

$ $
$

Para la cola de res
- 1 kg de cola de res cortada en rodajas
- 1 cebolla
- 3 zanahorias
- 2 poros
- ajo
- 2 l de vino tinto
- hojas de laurel
- 1 rama de tomillo
- sal y pimienta

1. Enharina y salpimienta la cola de res y fríela en un sartén. Pica todas las verduras y sofríelas en la cacerola en la que vayas a cocinar la cola. Después, añade la cola de res y agrega el vino tinto con las hierbas de olor.
2. Deja que se cueza durante 5 horas. Si utilizas una olla exprés, la cocción se reduce a 1 hora. Añade agua al guiso para que no quede seca.
3. Cuando esté cocida, desmenuza la carne y enróllala en un plástico autoadherible de la manera que se ha explicado en el truco anterior.

Para las migas integrales crujientes
- 4 rebanadas de pan integral
- pimentón dulce
- sal

4. Corta el pan integral en dados y, con las manos mojadas, remuévelos. En un sartén muy caliente, saltea las migas, sin dejar de remover, para que no se quemen.
5. Retíralas del fuego cuando tomen color y estén crujientes, y añade la sal y el pimentón. Es importante agregar el pimentón cuando el sartén esté fuera del fuego para que no se queme y amargue la elaboración. Resérvalas.

Para la crema de calabaza

- 1 calabaza de Castilla mediana
- caldo de pollo
- mantequilla
- sal y pimienta blanca

6. Pela y corta la calabaza en dados. Envuélvelos en papel aluminio y hornéalos a 160 °C durante 40 minutos, hasta que estén blandos.

7. Licúala con la ayuda de una licuadora de inmersión. Agrega un poco de caldo de pollo hasta obtener una textura de crema. Incorpora una nuez de mantequilla, salpimienta y resérvala.

Montaje

8. En la base del plato, pon una cucharada generosa de crema de calabaza, coloca el cilindro de cola de res, corona el plato con las migas crujientes y baña la carne con la salsa de vino tinto del estofado.

Truco para desangrar carnes para asar

A la hora de preparar en casa un asado tradicional en el horno, por lo general empleamos pequeños trucos para que el sabor y el aspecto sean mejores. Con este truco tan fácil y tan rápido, conseguirás que la carne que se va a asar, ya sea cordero, aves, cabrito o lechón, quede mucho más blanca y, a su vez, más tierna. El hecho de que quede de un color más blanco dependerá de la sangre que acumule el animal, sobre todo en la parte de los huesos y en sus vasos sanguíneos. Para que la carne quede blanca, la noche anterior pon las piezas que vayas a asar en un tazón lleno de agua con el jugo de un par de limones (fotos 1 y 2). Puedes usar unos cubos de hielo para que el agua sea muy fría. Con ello conseguirás que desaparezca por completo toda la sangre acumulada en el animal y que se blanquee la pieza, con lo que su aspecto será estupendo. Si no desangraras la pieza, esta sangre acumulada haría que el asado quedara de un color amarronado muy poco apetecible.

Para conservar correctamente la carne en el refrigerador, introduce los filetes en una bandeja que en su interior contenga una rejilla. Con ello evitarás que la sangre o el líquido que desprende la carne fileteada, sobre todo de ternera, se mezcle con la carne, y, por tanto, alargarás la vida de los filetes, al impedir que, al corromperse, la sangre estropee la carne.

Además, gracias a los ácidos del limón, la carne se ablandará, con lo que quedará mucho más jugosa en su interior.

1

2

Este truco también se puede aplicar a otras partes u otros animales, como el conejo. También es muy útil para las vísceras, aunque debes tener en cuenta que en este último caso hay que aumentar la cantidad de cítrico empleada.

Truco para aprovechar restos de carne de un cocido o de un guiso

Cuando se hace un caldo casero o sobra barbacoa del día anterior, suele sobrar bastante carne y, por lo general, no se sabe qué hacer con ella (foto 1). Con este truco aprovecharás la carne de una manera divertida y muy deliciosa.

se tueste. Después, agrega la leche. Cuando la preparación haya espesado, incorpora la carne del cocido desmenuzada, añade un poco de sal y deja que cueza hasta que la masa se despegue sola de la cazuela (foto 3).

En primer lugar, extrae toda la carne y desmenúzala (foto 2). De este modo evitarás que quede cualquier tipo de hueso o filamento que luego pueda afectar al resultado final. Una vez desmenuzada, resérvala.
Pon un poco de mantequilla en una cacerola y deja que se derrita. Añade harina y deja que

Deja que se enfríe en el refrigerador durante 1 hora. Esta deliciosa masa es ideal para hacer croquetas, rellenar pimientos, preparar lasañas y canelones, etc. (foto 4). También se puede gratinar con queso y degustarla. Asimismo, se puede congelar sin ningún problema, con lo que se alarga la vida de la misma.

Canelones de **ropa vieja** gratinados con queso

4
personas

Para el relleno

- 120 g de mantequilla
- 90 g de harina
- 1 l de leche
- 120 g de carne sobrante (mezcla de carnes)
- sal y pimienta

1. Derrite la mantequilla, añade la harina y deja que se cueza durante varios minutos, para que pierda el sabor a harina.
2. Agrega la leche, sin dejar de remover, e incorpora la carne desmenuzada. Una vez que la masa se separe de la cacerola, ya estará lista. Salpimienta y resérvala.

Para los canelones

- 12 láminas de pasta para canelones

3. Cuece la pasta en abundante agua y refréscala en agua fría. Este paso es importante para detener la cocción y que no se pase la pasta.
4. Una vez que esté fría, escúrrela bien para que no tenga agua y rellénala con la masa de carne dándole forma circular. Resérvala en una fuente apta para el horno.

Para la salsa de jitomate y orégano

- 4 jitomates maduros
- 1 cebolla picada
- 1 zanahoria picada
- 1 ajo picado

- orégano
- 1 cucharada de azúcar
- sal

5. Saltea la cebolla, el ajo y la zanahoria. Cuando la cebolla esté transparente, añade los jitomates maduros y sofríe. Pon un poco de sal, el orégano y el azúcar, cubre con agua y deja que cueza durante 30 minutos. El azúcar se añade para contrarrestar la acidez del jitomate.

6. Licúalo, pásalo por un colador fino y resérvalo caliente.

Montaje

7. Espolvorea los canelones con queso rallado. Caliéntalos en el horno durante 10 minutos a 180 °C.

8. Para emplatar, pon en el fondo la salsa de jitomate y orégano y encima los canelones ya gratinados.

Truco para curar carne

Un buen truco para que algunos cortes que se ponen en el asador tomen un mejor sabor, consiste en curarlos en casa antes de asarlos. Para ello, y de una forma casera, consérvala en el refrigerador sin tapar en una zona donde no le dé excesivo frío.

Asimismo, conviene dejarla colgada unos días más dentro del refrigerador. Si observas que la carne adquiere una coloración nada atractiva, no te preocupes, ya que, con la ayuda de un cuchillo, se debe quitar la capa exterior.

Truco para calentar un guiso en el microondas

Es frecuente dudar sobre cuál es la mejor manera de calentar sobras de guisos que se han conservado en refrigeración. Si se calientan en una olla convencional, se corre el riesgo de que se peguen al fondo de la misma. Para que esto no ocurra, caliéntalas en el microondas de una manera muy sencilla. En un recipiente apto para microondas o en un plato, añade un poco de agua si el guiso está muy espeso, y tápalo con plástico autoadherible; con ello conseguirás no ensuciar el microondas. Calienta a temperatura media durante un amplio periodo de tiempo; es preferible calentar durante más tiempo a menos temperatura que a una temperatura elevada durante menos tiempo para evitar que la comida se seque.

Truco para guisar carne

Preparar un guiso de carne es muy sencillo y a la vez muy complejo si no sigues los pasos correctos. En primer lugar, salpimienta la carne. A continuación, enharínala y sofríela. Con esto conseguirás que quede mucho más jugosa y tierna. Después, prepara las hortalizas, y, por último, cuece la carne y las hortalizas con un caldo ya preparado en lugar de con agua. No debes cocer el guiso a fuego fuerte, sino que su cocción debe ser lenta y suave. Con ello, la carne quedará tierna y jugosa.

Truco para elegir una pieza para guisar

En las carnicerías suelen ofrecer carne lista para guisar o estofar, que suele ser más económica, pero por lo general se trata de piezas que contienen mucho nervio y que resultan difíciles de cocinar.

Yo tengo mis piezas preferidas para cocinar estos platos; además, no son excesivamente caras y se pueden encontrar con facilidad en cualquier carnicería.

La mejor pieza para guisar o estofar es el denominado chambarete, que se encuentra en la parte más baja de la pierna (es la pantorrilla). Su carne es muy gelatinosa, aunque a primera vista parezca dura. Sin embargo es perfecta. Esta pieza se vende en

algunos establecimientos bajo su nombre italiano: *ossobuco* (foto 1).

Una vez tengas la pieza, pide al carnicero que le quite el hueso. Córtala en dados, si es posible del mismo tamaño (foto 2). Esta carne debe enharinarse y freírse antes de empezar a guisarla. A continuación, guísala con unas cuantas verduras (cebolla, poro y zanahoria) y rocíala con un líquido al gusto (caldo, vino o agua).

Si empleas una olla exprés, tendrás la carne lista y tierna en menos de 25 minutos, aunque si usas una olla convencional, necesitarás unas 3 horas. Una vez que esté guisada, comprobarás cómo los tendones se han convertido en gelatina, que hará que el guiso sea delicioso.

CARNES Y AVES

Truco para hacer un rebozado más crujiente y delicioso

Si deseas empanizar un alimento (pasarlo por harina, huevo y pan rallado), para conseguir un sabor más especial, puedes aderezarlo con hierbas aromáticas. No obstante, también puedes aportar más cosas al empanado para que esté más crujiente y apetecible. Para ello, tritura, con la ayuda de un procesador de alimentos o de una licuadora, unos frutos secos y un poco de maíz frito, y mézclalos con el pan rallado. Advertirás que una vez frito, el empanizado queda crujiente y con un sabor muy original.

Truco para disimular un hígado de ternera

El hígado es una parte del animal que contiene mucho hierro, pero por su aspecto y su olor, también es una de las menos apetecibles, aunque tenga sus adeptos. Con estos pequeños consejos ocultarás su olor y su aspecto para que los más pequeños de la casa coman este alimento tan necesario para su crecimiento.

1. En primer lugar, corta el hígado en tiras alargadas y no muy delgadas (foto 1) y blanquéalas; para ello, introduce los hígados en un tazón con leche durante 2 horas. Con esta sencilla operación, lograrás eliminar una gran cantidad de sangre de su interior y, al mismo tiempo, mitigarás su olor.

2. A continuación, sécalo bien y enharínalo; después pásalo por huevo y, por último, por pan rallado que previamente habrás mezclado con perejil picado muy fino. Con ello, harás que el hígado se asemeje a una escalopa de ternera (foto 2).

3. Fríe el hígado en abundante aceite hasta que esté crujiente por fuera y tierno por dentro. También puedes acompañarlo de alguna salsa tipo BBQ, que combina muy bien.

Con esta elaboración y este aspecto, los más pequeños no se darán cuenta de que lo que comen es un trozo de hígado.

Truco para preparar carne tártara

La carne tártara es una de las recetas más internacionales que se encuentran en las cartas de los restaurantes. Por lo general, se trata de un plato que suele prepararse en la sala del propio restaurante. Es muy sencillo, y al mismo tiempo muy complejo. Se basa en la calidad del producto, he ahí el pequeño truco para que la carne tártara se convierta en todo un éxito.

Normalmente este plato se suele elaborar con una de las partes más preciadas de la res o la ternera, como es el filete, pero también es posible pedirle al carnicero otra pieza mucho más económica e igual de tierna y sabrosa: el centro de bola. Ésta, además de tener un color muy sugerente, es muy sabrosa y tan blanda como un filete. Esta carne tiene que estar muy fresca y no puede ser congelada. Como la carne se come casi cruda, el punto debe ser óptimo (foto 1).

Otro de los puntos importantes para preparar esta receta es que la carne se debe cortar a cuchillo y nunca con una máquina de picar carne (foto 2).

Asimismo, la carne se tiene que preparar en el momento justo de servirla, ya que de lo contrario se oxidaría, y el efecto y el sabor ya no sería el mismo. Con estas pautas ya se puede elaborar una carne tártara en casa (fotos 3 y 4).

1

2

3

4

Carne tártara

15'

2
personas

$ $
$

Para la carne tártara
- 200 g de centro de bola de ternera
- aceite de oliva
- mostaza antigua
- salsa inglesa
- unas gotas de jugo de limón
- 1 yema
- alcaparras
- cebolla
- pepinillo
- salsa Tabasco
- sal y pimienta negra

1. En primer lugar, corta la carne en dados muy pequeños con la ayuda de un cuchillo. Resérvala.
2. En un tazón muy frío (se puede poner otro con hielo debajo para que se enfríe), vierte el aceite, la mostaza, la salsa inglesa, las gotas de limón y la yema cruda. Con ello, elabora la salsa para aderezar la tártara y resérvala.
3. Pica finamente las alcaparras, la cebolla y los pepinillos. Cinco minutos antes de servir, mezcla bien todos los ingredientes. Añade salsa Tabasco al gusto, dependiendo del punto de picante que desees y salpimienta. Es recomendable que domine el picante de la salsa Tabasco y NO el de la pimienta.

Para el pan tostado
- 3 rebanadas de pan de molde

4. Aplana el pan con la ayuda de un rodillo y córtalo en forma triangular. Tuéstalo en una tostadora o en un sartén y resérvalo.

Montaje

5. Coloca un aro metálico en el centro del plato y llénalo con la mezcla de carne tártara. Tienes la opción de no añadir la yema a la salsa e incluirla ahora encima de la carne. Así conseguirás una presentación más sugerente y el efecto será el mismo.

6. Retira el aro metálico y rodea la carne tártara con las rebanadas de pan tostado, que serán el acompañamiento ideal para este plato.

7. Puedes añadir unos brotes de lechuga alrededor e incluso unas flores comestibles si quieres que la presentación del plato sea más vistosa.

Truco para espesar la salsa de un guiso

Un guiso puede quedar demasiado líquido o aguado si no calculas correctamente la cantidad de agua que debes añadir.

Si tienes un guiso así, puedes rectificarlo mezclando en un tazón 1 cucharada de harina de trigo con 3 cucharadas del caldo del guiso. Remueve bien para que se mezcle la harina y vierte esta preparación en el guiso. Deja que cueza unos minutos y la salsa espesará de manera considerable.

Otra opción consiste en cocer unas papas en el guiso, sacarlas, licuarlas con una licuadora de inmersión y añadirlas al guiso para que la salsa espese.

Truco para saber si un filete está cocinado

Con este sencillo y rápido truco, sabrás si un filete de res ha alcanzado su punto de cocción óptimo. Para ello, pínchalo en el centro y hasta el fondo con la ayuda de una aguja grande, y fíjate en el jugo que sale de su interior. Si es de un tono rosáceo, indicará que a la carne todavía le queda un tiempo de cocción. Si, en cambio, el líquido que sale tiene un tono grisáceo, quiere decir que el filete se ha cocinado en exceso, y si el líquido es totalmente transparente, la carne estará en su punto y lista para comer.

Truco para la salsa BBQ

La salsa *barbecue* (BBQ) es la reina de las salsas para carnes a las brasas y se caracteriza por un toque ahumado. Aunque suelen vender muchas ya preparadas, como es muy sencilla, es preferible que tú mismo elabores tu propia salsa casera. Para ello, mezcla un vaso de cátsup con una cucharada de vinagre, una cucharada de jugo de piña, una cucharada de miel, una cucharada de azúcar mascabado y una cucharada de whiskey. Remueve bien y salpimienta, y la tendrás lista para consumirla.

Esta preparación se puede hacer de un día para otro, ya que queda perfecta.

Truco para aprovechar los huesos de ternera

Los huesos de los animales suelen ser los grandes olvidados en las cocinas domésticas. Pero con estos trucos descubrirás las múltiples funciones que tienen y su gran valor culinario. El primer truco se centra en extraer el tuétano. Esta grasa que se encuentra en el interior del hueso es una verdadera delicia (fotos 1 y 2). Se puede emplear para múltiples elaboraciones, por ejemplo, en una crema (como sustituto de mantequilla) o incluso para comerlo en forma de guiso una vez horneado.

Cuando hayas sacado el tuétano, lo mejor que puedes hacer con el resto de los huesos es un buen caldo de ternera. Para ello, dóralos en el horno a 180 °C durante 50 minutos, o hasta que adquieran un tono tostado. Saltea en un sartén una cebolla, un poro y una zanahoria cortados en rodajas. Una vez salteadas las verduras, incorpóralas a una olla junto con los huesos; agrega agua hasta cubrir y deja que cueza durante 4 horas. Repón el agua que se vaya evaporando. Cuélalo y tendrás un excelente caldo para cualquier receta (consomé, arroz, carne, etc.).

Estos huesos se pueden congelar sin ningún problema, de manera que si te organizas bien, siempre tendrás caldo de ternera casero.

1

2

Truco para adobar carne de cerdo

La carne de cerdo se puede preparar de muchas maneras, al mismo tiempo que acepta todo tipo de técnicas culinarias.

En primer lugar, debes escoger la parte del cerdo que deseas adobar; en este caso la zona del lomo. Corta la carne en dados regulares y resérvalos (foto 1).

Por otro lado, tienes que preparar un adobo a base de aceite de oliva, páprika, orégano, vinagre de Jerez, sal y pimienta. Remueve bien todos estos ingredientes y mézclalos con los dados de lomo de cerdo (foto 2). Deja que se maceren durante un día en el refrigerador, tapados con plástico autoadherible para que no se sequen.

Transcurrido este tiempo, pasa los dados de carne por agua fría para eliminar el exceso de páprika. De este modo obtendrás un lomo perfectamente adobado y listo para comer a la plancha, empanizado o incluso al horno. Esta receta también se puede preparar con otras partes del cerdo, como la oreja, las patas o incluso la cola, que serían perfectas para añadirlas a un guiso o a un estofado.

Asimismo, se puede congelar la elaboración después de adobarla. Antiguamente se utilizaba para prolongar el tiempo de conservación de las piezas, aunque solo se empleaba sal y pimentón.

TRUCO FÁCIL

Truco para reblandecer carnes de cerdo

TRUCO con RECETA

La carne de cerdo no suele ser muy dura, pero con este truco se logra que las partes más fibrosas queden mucho más tiernas y sean más fáciles de comer (foto 1). Este truco es muy sencillo.

Corta filetes de lomo de cerdo (también es posible emplear otras partes, como espaldilla, pierna o pulpa [foto 2] y, con la ayuda de un aplanador (o, en su defecto, con la base de una cacerola), da unos cuantos golpes secos a la carne hasta que su volumen se reduzca una tercera parte (foto 3). Con ello se consigue romper las fibras de la carne para que quede mucho más tierna a la hora de comerla (foto 4).

El problema general de estas carnes es que son muy fibrosas y cuando se cocinan en la plancha se contraen con el calor, de ahí que se tenga que desestructurar la carne con los golpes secos.

Este truco también se puede aplicar a alguna parte de la ternera que no sea tan tierna; de este modo se evita que se encoja en la plancha y se logra un aspecto bastante más voluminoso.

Escalopa de **cerdo** **rellena** con salsa de **curry**

30'
6'

3
personas

$$$

Para la escalopa de cerdo

- 3 filetes de cerdo
- 3 rebanadas de jamón serrano
- 3 rebanadas de queso semicurado
- harina
- huevo
- pan molido
- aceite
- sal y pimienta

1. Aplana los filetes de lomo como se ha explicado en el truco anterior.
2. Extiende un filete y rellénalo con el jamón y el queso. Enróllalo sobre sí mismo y pon 2 palillos para que no se nos abra; salpimienta y pásalo por harina, huevo y pan molido (es importante que sea en ese orden). Haz la misma operación con el resto de filetes.
3. Fríelos en abundante aceite a una temperatura de 180 °C. Deja que tome color el pan molido y retíralos. Ponlos en papel absorbente para eliminar el exceso de grasa. Retira los palillos y reserva los filetes.

Para la salsa de curry

- 2 cebollas
- aceite
- curry en polvo
- 1 l de caldo de pollo
- 100 ml de crema líquida
- sal

4. Acitrona las cebollas en el aceite y, una vez que estén transparentes, agrega el curry. Ten cuidado de que no se quemen. Incorpora el caldo de pollo, deja que cueza durante 30 minutos y licúalo. Pásalo por un colador fino para que no queden grumos y vuelve a poner la cacerola al fuego. Cuando comience a hervir, añade la crema líquida y deja que reduzca. Añade sal a la salsa y resérvala.

Montaje

5. Coloca la escapola cortada en rodajas en el centro del plato y salsea con la salsa de curry. Puedes acompañarla con una ensalada de arúgula aderezada con aceite de ajo.

Truco para resaltar el sabor de la carne

Muchas veces, al cocinar carne, suele quedar sin tanto sabor. Esto se debe a varios factores. Lo primero que debes tener en cuenta a la hora de cocinar carne a la plancha es la temperatura de la pieza de carne, que debe estar a temperatura ambiente. Un pequeño truco es sacar la carne del refrigerador unas horas antes de cocinarla; con ello, la carne no se estropeará, sino que lo que se consigue es que esté a la temperatura ideal para ser cocinada.

El siguiente truco es que el sartén o la plancha estén muy calientes. Pon la carne en el sartén caliente y sella bien la pieza de carne por todos los lados; el objetivo de que el sartén esté caliente es que al poner la carne en contacto con el calor se forme una costra dorada en el exterior que le aporte más sabor al corte (fotos 1 y 2). Una vez sellada la carne, retírala del fuego y sírvela. Este truco es aplicable a todo tipo de carnes, ya sean de ave, cerdo, etc., incluidos algunos pescados con su piel.

Tras el sellado, puedes darle el punto que desees en la misma plancha o incluso en el horno. Comprueba que haya quedado jugosa y que esté en su punto.

Filete mignon
al vino tinto

5'
25'

4
personas

$$ $

Para el filete mignon

- 4 filetes de res
- 4 rebanadas de tocino
- aceite
- sal y pimienta

1. Saca los filetes del refrigerador al menos 1 hora antes de cocinarlo. Salpimienta los filetes y enróllalos por el borde con las rebanadas de tocino.
2. Sella en un sartén con el aceite los filetes como se ha explicado en el truco anterior.
3. Una vez esté dorado por ambos lados, trasládalo a una charola y hornéalo hasta obtener el punto de cocción deseado.

Para la salsa de vino tinto

- 1 lata de jugo de carne
- 2 tazas de vino tinto
- sal y pimienta

4. Calienta en el sartén donde freíste la carne el jugo de carne y raspa el fondo para aprovechar los jugos que soltó la carne. Añade el vino tinto y deja reducir hasta que la salsa espese. Salpimienta y reserva.

Montaje

5. Coloca los filetes en un plato extendido y salsea con la salsa de vino tinto. Puedes acompañarlo con papas fritas y ensalada.

Truco para limpiar una tabla manchada con sangre

Es habitual que, al cortar carne en una tabla, queden restos de sangre que, si no se limpian adecuadamente, suelen contaminarse y estropear los alimentos que se corten en ella. Para evitarlo, rocía la tabla con agua oxigenada y deja que se escurra en el fregadero. Después, transcurridos unos minutos, frota la tabla con agua y jabón. Es importante secarla bien y dejarla en un sitio fresco y seco para que no tenga humedad y moho.

Truco para cocinar morcilla

La morcilla admite muchísimas preparaciones.
A continuación, se explica uno de los mejores trucos para que quede crujiente por fuera y tierna por dentro. Córtala en rodajas de unos dos dedos de grosor, aproximadamente, y fríela en aceite muy caliente. Cuece la morcilla alrededor de un minuto y, para eliminar el exceso de grasa, colócala en papel absorbente.
Otra manera de cocinarla como si fuera a la plancha es en un sartén. Dórala bien por los dos lados. Por último, hornéala a 180 °C durante 5 minutos.

Truco para confitar carne

Las carnes, en especial la de ave y la de cerdo, son ideales para emplear la técnica del confitado. Para ello, retira todos los huesos de la carne que vayas a confitar. Después, ponla en una cazuela (lo ideal sería una de barro) y cúbrela con aceite (también se puede usar grasa de pato), añade unas hierbas aromáticas, como romero, tomillo, etc., y cocínala a fuego muy bajo durante un largo tiempo sin que llegue a hervir.
Evita que se dore y, una vez que toques la carne y veas que ya está cocida, sácala del fuego y del aceite y dórala en un sartén.

Truco para evitar que se seque la carne en el horno

Al asar según qué tipo de carne, es frecuente que no quede tierna y suave, algo que es posible evitar si se siguen unos pequeños consejos muy prácticos (foto 1).

1. Lo primero que tienes que hacer es sellar la carne como se explica en el truco para resaltar el sabor de la carne.

2. A continuación, coloca la pieza en una bandeja apta para horno con una bresa de verduras (cebolla, zanahoria y poro). Añade dos dedos de agua para evitar que la bandeja quede seca (foto 2).

3. Hornea a 170 °C, de manera que la temperatura sea constante y no dejes que la bandeja se seque nunca. Añade agua de manera continua y rocía la pieza de carne poco a poco para evitar que se seque. Con la humedad que le aporta el agua, la carne quedará más jugosa, y, además, servirá para crear cierta humedad dentro del propio horno, que será muy beneficiosa para la pieza de carne.

Para saber si la carne está asada, utiliza un termómetro. Si en su interior la carne está a 55 o 60 °C, ya está lista. No obstante, si no dispones de un termómetro de cocina, también puedes emplear una brocheta. Pincha la carne y comprueba si la brocheta está caliente o completamente fría. También puedes sustituir el agua por caldo, con lo que obtendrás una salsa mucho más intensa y sabrosa.

Truco para limpiar riñones

Los riñones son un bocado exquisito, pero si no se limpian bien, su sabor puede ser bastante desagradable (foto 1).

1. Límpialos bien; para ello, córtalos por la mitad (foto 2) e introdúcelos en agua, sal y vinagre durante unas 2 horas, cambiando el agua un par de veces. Con ello conseguirás eliminar cualquier resto que se encuentre en su interior y evitarás sorpresas al cocinarlos.
2. Escúrrelos bien y estarán listos para cocinar.

Para cocinarlos al Jerez, uno de los platos más tradicionales en la gastronomía española, acitrona unos ajos laminados, añade un vaso de Jerez e introduce los riñones. Deja que cuezan unos minutos y salpimienta. Agrega una cucharadita de pimentón picante (siempre apartando el sartén del fuego, ya que de lo contrario se quemaría el pimentón, lo que estropearía la elaboración) y ya están listos para degustarlos.

Truco para calcular los grados de cocción óptimos

Cuando vayas a cocinar un filete de res, debes de tener en cuenta los distintos grados de cocción y los minutos aproximados que requiere cada uno para que la carne esté al gusto de cada comensal. En primer lugar, debes cocinar la carne en una plancha rayada de hierro colado. Para una carne término rojo, cuécela durante unos 2 minutos por lado sobre la plancha muy caliente y a fuego fuerte. Para una carne término medio, bastará con unos 3 minutos por lado. Si lo que queremos es una carne término 3/4, la cocción debe de ser de unos 4 minutos por lado; y si es término bien cocido, la cocción será de 6 minutos por lado.

Truco para asar un cabrito

En primer lugar, para preparar un buen cabrito asado, hay que elegir bien el producto. Para ello, es recomendable que la pieza no pese más de 6 kg, que lleve una etiqueta de calidad y, de ser posible, que no tenga mucha sangre coagulada (foto 1). El problema es que esa sangre, a la hora de asar la pieza, la oscurece y el asado no queda tan apetecible. Para ello, puedes consultar también el truco para desangrar carnes para asar.

Una vez que tengas la pieza perfecta, añade sal y coloca el cabrito en una cazuela de barro (o en una bandeja apta para el horno, en caso de no disponer de una cacerola de barro, que le aportaría un toque especial) con la parte de la piel hacia abajo. Vierte dos dedos de agua en la cazuela para que la carne no quede seca (fotos 2, 3 y 4).

Otro pequeño truco es sustituir el aceite por un poco de manteca de cerdo, con la que se unta el cabrito. De este modo se consigue que la piel quede mucho más crujiente.

Asa el cabrito a 180 °C durante 40 minutos, aproximadamente, por el lado opuesto a la

1

2

3

4

piel (la cazuela no tiene que quedarse nunca seca, por lo que hay que añadir agua poco a poco), y otros 40 minutos por el otro lado, hasta que esté cocido. El cabrito tiene que quedar crujiente por fuera y muy tierno y suave por dentro. Normalmente, los cuartos más preciados del cabrito suelen ser los delanteros, ya que es donde se encuentra la espaldilla y las costillas, que son más jugosas que la parte de la pierna.

Cabrito asado
con ensalada verde

1h30'
1h30'

2
personas

$$$

Para el cabrito
- 1/4 delantero de cabrito
- manteca de cerdo
- agua

1. Precalienta el horno a 180 °C.
2. Coloca el cabrito en la cazuela de barro y ásalo como se ha indicado en el truco anterior.
3. Sírvelo. Para ello, lo primero que debes hacer es sacar la espaldilla con mucho cuidado; después, corta las costillas al gusto, de una en una o de dos en dos. Si el cabrito se ha asado correctamente y no se ha dejado que la cazuela se seque, habrás obtenido un delicioso jugo que podrás emplear para acompañar el cabrito asado.

Para la ensalada verde

- 1 lechuga orejona
- aceite de oliva extra virgen
- vinagre de vino
- sal

4. Para acompañar al cabrito, lo mejor es una buena ensalada verde. Para ello, debes comprar una lechuga de calidad. A mí me encanta la lechuga orejona, que es alargada y tiene una textura bastante crujiente.

5. Limpia la lechuga en un tazón con agua fría y aderézala. Para ello, pon primero la sal, después el vinagre y, por último, el aceite. La ensalada se puede completar con unas rodajas finas de cebolla morada. Ponla en un tazón y sírvela.

Truco para camuflar sesos

Los sesos de los animales son un bocado muy preciado en la gastronomía, aunque por su aspecto y su textura no resulten del todo apetecibles. Con estos pequeños trucos obtendrás unos bocados sensacionales.

1. En primer lugar, desangra los sesos. Sumérgelos en agua muy fría (se pueden usar cubitos de hielo) con un chorro generoso de vinagre. Con esta operación, eliminarás mucha sangre y los blanquearás por completo (foto 1).

2. Después, límpialos para retirar la telilla que los recubre, que por otro lado es bastante incomoda a la hora de comer, ya que al no fundirse en la boca, resulta bastante molesta. Para ello, actúa con cuidado y ayúdate de un cuchillo.

3. Corta los sesos en cuatro trozos, si es posible del mismo tamaño, y enharínalos. Para conseguir un rebozado más fino, tamiza antes la harina, pásalos por huevo batido, y, por último, por pan rallado. Fríelos en abundante aceite para conseguir una capa exterior crujiente y un interior jugoso. Como tendrán forma de croqueta, será muy fácil engañar a la vista (foto 2).

Se pueden acompañar con una salsa tipo tártara, elaborada con cebolla y pepinillo picados muy finos y mayonesa.

Truco para deshuesar y cocinar manitas de cerdo

Las manitas, o patitas de cerdo, son un plato bastante económico y exquisito. Aquí, aprenderás a cocinarlas y a deshuesarlas con mucha facilidad. En primer lugar, es importante que compres las manitas de cerdo en un sitio de confianza y que le pidas al carnicero que las corte por la mitad (foto 1).

En casa, pasa un rastrillo por las patas para que no quede ningún pelo, ya que resultaría desagradable a la hora de comer.

A continuación, introdúcelas en la olla exprés con 3 dedos de agua y una cebolla y una zanahoria cortadas, añade un poco de sal y cuécelas 50 minutos (foto 2). El truco reside en que, una vez estén cocidas y todavía calientes (ten cuidado de no quemarte), tienes que quitar con cuidado todos y cada uno de los huesos intentando no desmoronar la estructura inicial de la manita (fotos 3 y 4).

Después, ponla en un trozo de plástico autoadherible con la parte de la piel hacia abajo. Coloca la otra mitad de la patita con la piel hacia arriba, y, con la ayuda del plástico dale una forma circular. Presiónalas bien y deja que se enfríen durante 2 horas. Si las quieres rellenar, coloca el relleno deseado antes de poner encima la segunda mitad. Cuando estén frías, córtalas al gusto y ya estarán listas para comer, ya sea en ensalada, a la plancha o en un guiso.

Terrina de **manitas** de cerdo a la **plancha** con salsa de vino y dados de **papas** adobadas

Para la terrina de manitas

- 3 manitas de cerdo cortadas por la mitad a lo largo
- cebolla
- zanahoria
- sal y pimienta

1. Cuece y deshuesa las manitas tal y como se ha explicado en el truco anterior. Una vez que estén envueltas y frías, córtalas en medallones y márcalas en un sartén bien caliente por ambos lados con mucho cuidado de que no se pegue la gelatina que contiene la manita.
2. A continuación, calienta los medallones en el horno a 160 °C durante 5 minutos. Resérvalos.

Para la salsa de vino tinto

- 2 cebollas
- 2 zanahorias
- 1 poro
- 2 dientes de ajo picados
- 1 l de vino tinto
- 300 ml del jugo donde se concinaron las manitas

3. Corta en juliana la cebolla, la zanahoria y el poro, y acitrónalos con el ajo. Vierte el vino tinto y deja que reduzca hasta la mitad. Agrega el caldo de cocción de las manitas y deja que cueza a fuego medio durante 30 minutos. Pasa la salsa por la licuadora y después por un colador fino. Si hace falta espesarla, emplea un poco de harina disuelta en agua o, en su defecto, un poco de fécula de maíz. Reserva la salsa.

Para los dados de papas adobadas

- 2 papas alfa peladas
- vinagre de vino
- orégano
- sal y pimentón

4. Corta las papas en dados y confítalas en aceite durante 25 minutos. Cuando estén blandas, aderézalas al gusto con el vinagre, la sal, el pimentón y el orégano. Resérvalas en caliente.

Montaje

5. En el fondo del plato, coloca las manitas previamente marcadas a la plancha y horneadas, salsea con la salsa de vino y añade los dados de papa.

Truco para despiezar un conejo

Mucha gente no cocina el conejo por no saberlo preparar, pero su carne es sana, rica en proteínas y baja en calorías. El conejo consta de cuatro partes: cabeza, costillas, dos paletillas y dos muslos (fotos 1 y 2). Cada una se puede cocinar de una forma totalmente distinta, de ahí que sea importante despiezarlo de la manera correcta. Las paletillas están deliciosas escabechadas, ya que, después de las costillas, es una de las partes más tiernas. La zona del costillar se puede elaborar de muchísimas formas, como el lomo deshuesado y después relleno. Este plato, aunque es más elaborado, es muy

2

apetecible, e incluso es posible encontrarlo en las cartas de algunos restaurantes. Asimismo, esta parte, tras sacar las costillas (que serán diminutas), se puede empanizar, con lo que se obtiene un bocado exquisito, aunque muy laborioso. Los muslos son la parte más dura. Son ideales para guisar y saltear, como en un conejo con jitomate o un conejo al ajillo. Sin embargo, al tratarse de las partes más fibrosas, son las que más tiempo de cocción necesitan. La cabeza, como no suele tener ningún valor culinario, muchas veces se suele descartar.

El hígado y los riñones son útiles para aderezar y potenciar algunos platos.

1

Truco para deshuesar y rellenar una pierna de pollo con muslo

Las partes más jugosas del pollo, si se desea rellenar, son el muslo y la pierna; por el contrario, la pechuga es más seca. Deshuesar una pierna de pollo con muslo es muy sencillo

siempre que se sigan tres pasos. En primer lugar, tendrás que colocar la pierna con muslo en la tabla con la piel hacia abajo (foto 1); después, pasa el cuchillo por el hueso poco a poco, como indica la foto 2, y, por último, cuando veas el hueso en forma de L, retíralo. También puedes pedir en la pollería que te lo deshuesen. Una vez quitado el hueso, abre el resto de la pierna con muslo como si de un libro se tratara (foto 3).

Márcalo en una plancha por el lado de la piel y salpimiéntalo por el interior. Pon el relleno en un extremo y enróllalo prensando bien la carne con los dedos (foto 4). Para ello, utiliza plástico autoadherible y déjalo así un buen rato. Este punto es importante, ya que cuanto más prensado esté, mejor aguantará. Transcurrido un rato, saca la pierna del plástico autoadherible y envuélvelo en papel aluminio para que pueda ir al horno. Presiónalo bien para que quede pulido. Hornéalo a 180 °C durante unos 25 minutos. Una vez horneado, sácalo del papel aluminio con mucho cuidado para no quemarte y córtalo en las raciones que desees. Las puedes poner a la plancha para que se doren.

1

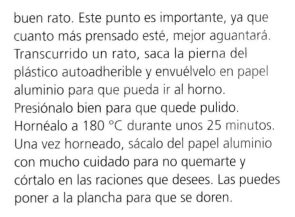

2

3

4

Pollo relleno de hongos con su salsa

2 personas

Para el relleno de setas
- 1 ajo
- 1 poro
- 10 hongos (de temporada: champiñones, setas, *portobello*, etc.)
- 1 cucharada de harina
- un vaso pequeño de vino blanco
- leche
- sal y pimienta

1. Pica el ajo y el poro y saltéalos a fuego medio. Cuando el poro esté transparente, añade los hongos cortados en juliana muy fina y acitrónalos.
2. Cuando estén cocidos los hongos, incorpora la harina, remueve bien y deja que se tueste con el poro, los hongos y el ajo (así evitarás que sepa a harina). Después, añade el vaso de vino blanco, deja que reduzca, agrega leche poco a poco (hasta encontrar el espesor deseado; el relleno debe tener consistencia), salpimienta y deja que se enfríe.

Para la salsa de hongos
- 1 cebolla picada
- 1 diente de ajo picado
- 15 hongos variados
- 1 vaso de brandy
- 1/2 l de caldo de pollo
- harina
- sal y pimienta

3. Acitrona la cebolla con el ajo a fuego bajo. Una vez que estén transparentes, añade los hongos y deja que se cuezan hasta que casi se peguen en la cacerola. Esto hará que la salsa tenga mucho mejor sabor.

4. Procura que los hongos no se quemen; incorpora el vaso de brandy, deja que reduzca y agrega el caldo de pollo. Deja cocer durante 20 minutos.

5. Transcurrido este tiempo, licúalo con una licuadora de inmersión y pásalo por un colador fino para que la salsa quede sin grumos. Ponla en el fuego y deja que espese al gusto con un poco de harina diluida en agua o con fécula de maíz. Salpimienta y resérvalo caliente.

Para la pierna con muslo

- 2 piernas de pollo con muslo
- sal y pimienta

6. Deshuesa las piernas con muslo como se ha indicado en el truco anterior, rellénalas con el relleno de hongos y hornéalas. Resérvalas.

Montaje

7. Corta la pierna con muslo en cinco trozos y disponlas sobre un plato. A un lado, pon la salsa de hongos y corona con una ramita de romero para aromatizar el plato.

Truco para lavar aves

No es conveniente lavar con agua la carne de ave, ya que, al contrario de lo que se cree, en vez de eliminar las bacterias, lo que se hace es extenderlas. Así, aunque sea bastante frecuente, no es aconsejable lavar la carne bajo el grifo, ya que existen muchas más posibilidades de contaminar el alimento.

Para limpiarlo, lo mejor es frotar la piel del ave con fuerza con un trozo de papel absorbente y lo tendrás listo para cocinar. Es importante que deseches este papel automáticamente.

Truco para marinar pollo

El pollo admite una infinidad de preparaciones, aunque una de las menos habituales y con la que más partido se saca a esta ave es marinándolo. Para ello, corta el pollo en trozos no demasiado grandes y salpimiéntalo. Después, añade aceite de oliva, una cucharada generosa de curry, una cebolla picada muy fina y un vaso de vino blanco. Déjalo marinar durante toda la noche en el refrigerador, tapado con plástico autoadherible. Una vez transcurrido este tiempo, escúrrelo y cocínalo de la manera que desees: frito, salteado o al horno.

Truco para congelar aves

Al comprar un pollo o un pavo, es frecuente congelarlo entero, lo que es un error. En primer lugar, debes despiezar el pollo o el pavo, es decir, cortarlo en partes: pechugas, muslos y piernas. Después, envuelve cada una de las partes juntas en plástico autoadherible y congélalas.

Con ello, tendrás tres paquetes diferentes. Así, cuando vayas a cocinarlo, solo tendrás que sacar la parte necesaria, en función del tipo de preparación que hayas previsto, y no te verás obligado a utilizar el pollo o el pavo entero.

Truco para escabechar codornices

es importante atarles las patas, ya sea con una cuerda o bien atravesándolas con un palillo. Debes meter las codornices en el escabeche por partes, es decir, primero boca arriba con las pechugas dentro del escabeche y las patas fuera, y, una vez las pechugas estén en su punto óptimo, dales la vuelta e introduce las patas dentro del escabeche, dejando fuera las pechugas, que ya estarán cocinadas (fotos 2 y 3).

Con esto se consigue que cada parte de la codorniz esté en su punto óptimo. Si no lo hicieras de este modo, casi con toda seguridad, las pechugas se pasarían y la codorniz no quedaría bien. Para finalizar, sirve el plato con las verduras escabechadas (foto 4).

TRUCO con RECETA

Uno de los productos de caza más utilizados en las cocinas domésticas son las codornices, y una de las recetas más deliciosas es el escabeche. Con este truco prepararás unas codornices en su punto. Lo primero que debes hacer es repasarlas para eliminar cualquier resto de pluma que pudieran tener; para ello, usa un soplete o un simple mechero. A continuación, márcalas en un sartén para que se sellen. Con ello también conseguirás que tengan un color apetecible. Acitrona cebolla, zanahoria y poro en aceite y haz el escabeche en una proporción de 3/4 de aceite (de oliva y de girasol) y 1/4 de vinagre de Jerez (foto 1). Antes de añadir las codornices

Codornices escabechadas con sus verduritas, acompañadas de una ensalada de brotes

1h
1h

4
personas

$$

Para las codornices escabechadas
- 4 codornices
- 1 cebolla
- 1 poro
- 1 diente de ajo
- laurel
- 2 zanahorias
- 750 ml de aceite (de oliva mezclado con girasol)
- 250 ml de vinagre de Jerez
- sal

1. Acitrona las verduras y haz el escabeche como se ha explicado en el truco anterior. Introduce las codornices y escabéchalas como se ha comentado.
2. Retira las verduras y escúrrelas para que liberen el exceso de grasa.
3. Limpia las codornices; para ello, saca las pechugas y las piernas con muslo por separado. Lo mejor es que las codornices estén templadas antes de servirlas para que la carne esté muy suave.

Para la ensalada de brotes
- brotes de espinaca
- brotes de acelga roja
- brotes de mostaza

4. Mezcla todos los brotes (se pueden encontrar fácilmente en tiendas gourmet) y aderézalos con el escabeche de las codornices. Resérvalos.

Montaje

5. Coloca en el fondo del plato las verduritas del escabeche y encima una pechuga y una pierna con muslo por plato.

6. Esparce unos cuantos brotes por encima y corona con una ramita de tomillo para aromatizar el plato.

Truco para desplumar un pollo

Aunque el pollo, por lo general, se suele vender totalmente desplumado, la forma fácil de desplumarlo es pasándolo por agua hirviendo y retirando las plumas. Pero, a diferencia de aves más pequeñas, el pollo, en las zonas de los muslos, las patas y las alas, tiene unas plumas con forma de pelos que deben eliminarse antes de cocinarlo.

Para ello, quémalas con la ayuda de un soplete o en el mismo fuego de la estufa (si dispones de fuego a gas). A continuación, pasa por la zona un trapo húmedo para eliminar los posibles restos que pudieran quedar y así evitar que amargue el pollo. De este modo conseguirás desplumar un pollo en un momento.

Truco para obtener una piel crujiente cuando cocinas a la plancha

Aunque es cierto que la piel es la parte menos sana de un ave, también lo es que se trata de una de las zonas más sabrosas. Para conseguir que la piel quede crujiente, calienta a fuego medio la plancha o un sartén sin ningún tipo de grasa. Si se calentara a fuego fuerte, la piel se quemaría y la carne amargaría. Deja que la propia piel libere toda la grasa y al final coloca un peso sobre la carne para que la piel quede todavía más crujiente. La carne estará lista cuando, al pasar un dedo, la piel esté suficientemente dura.

Truco para rellenar un chile cuaresmeño con una masa de carne

A la hora de preparar unos chiles cuaresmeños rellenos, la mayor dificultad a la que tienes que hacer frente y que te hace perder mucho tiempo es el proceso de rellenarlos. Por lo general, para esta operación se suele emplear una cucharita de café o de postre. Sin embargo, para ahorrar mucho tiempo y facilitar la labor, mete el relleno en una manga pastelera, coloca el chile cuaresmeño en la mano con la abertura hacia arriba y, con la otra mano, presiona la manga para que salga el relleno hacia el interior del chile cuaresmeño.

Llena solo hasta 2/3 de la capacidad del chile, y no del todo, para poder cerrarlo bien y que al calentarlos no se salga el relleno.

Truco para asar un pollo entero

Al asar un pollo, es importante darle un toque para potenciar su sabor. Normalmente las carnes blancas son sosas, por lo que cuando se van a asar es fundamental condimentarlas de la manera adecuada. De este modo conseguirás una preparación sana y sabrosa.

1. En primer lugar, salpimienta bien el pollo. A continuación, introduce por el orificio, a modo de relleno, unas rodajas de naranja y de limón y un buen ramillete de hierbas aromáticas (perejil, romero, tomillo, etc.) [foto 1]. Antes de meterlo en el horno, añade unas verduritas, vierte dos dedos de agua en la bandeja donde lo vayas a asar, rocía con un poco de aceite de oliva extra virgen y hornéalo a 170 °C durante 45 minutos, que es el tiempo de cocción que necesita un pollo de más o menos 1,5 kg de peso. No dejes que la bandeja se quede sin líquido; siempre debería haber dos dedos de agua (foto 2).

2. Transcurrido este tiempo, aumenta la temperatura a 190 °C y hornéalo de 15 a 20 minutos más. Con ello conseguirás que la piel esté crujiente y adquiera ese color dorado tan apetecible.

3. A continuación, saca el pollo del horno y trínchalo antes de servirlo. Si la bandeja conserva el agua, tendrás una magnífica salsa para napar, sobre todo en las pechugas, que suelen quedar más secas al no contener grasa.

CARNES Y AVES

Truco para marinar carne de caza

Normalmente, la caza se suele marinar para eliminar su sabor intenso. Los ingredientes se suelen mezclar en frío, para después incorporarlos a la carne y reservarla en el refrigerador de 24 a 48 horas. Para ello, corta la pieza de caza en dados o en filetes e incorpora una mezcla de cebolla cortada en juliana, zanahorias en rodajas (previamente peladas), pimienta en grano, sal, vino tinto, aceite y laurel. Cubre toda la carne con esta preparación y tápala con plástico autoadherible. Deja que repose en el refrigerador, y, en el momento en que la vayas a cocinar, desecha el líquido y cocina la carne como desees, ya sea en un guiso o a la plancha.

Truco para desplumar una codorniz

Existen varias opciones para desplumar un ave. En primer lugar, quita las vísceras al ave y después desplúmala. Para ello, puedes tirar con fuerza de las plumas en sentido contrario a su crecimiento, lo que cuesta un poco más, pero también es menos engorroso. El resultado es maravilloso. Otra opción consiste en escaldar el ave en agua hirviendo. De este modo, las plumas saldrán con más facilidad, pero también se quedarán adheridas a los dedos y mancharás mucho más la cocina.

Truco para cocinar un magret de pato

El pato es un plato que no se cocina con demasiada frecuencia en las casas y que cada vez se encuentra más en los supermercados y en tiendas especializadas. Con este truco aprenderás a cocinar el magret (o pechuga). Esta ave contiene gran cantidad de grasa que, al contrario que la de muchos animales, es muy rica y muy apta para cocinar (se puede aprovechar para muchas elaboraciones). El magret (foto 1), por lo general, se suele comer poco hecho, por la sencilla razón de que si se cuece en exceso, pierde todos sus jugos y se queda seco. Para ello, es necesario practicar unos cortes transversales por el lado de la grasa (foto 2), para después ponerlo en un sartén caliente para que se vaya fundiendo

(foto 3), al mismo tiempo que se va rociando la parte superior con la misma grasa.

Si adquieres carne de pato,

que es un ave que se cría y se ceba para la producción de *foie gras*, además del magret podrás cocinarlo al horno en espetón, asado o relleno con cebollas, aceitunas, frutos secos, frutas ácidas (mango, piña, naranja...).

Tienes que conseguir que se funda toda la grasa y que a su vez quede muy crujiente, y que con la misma grasa se termine de cocer por el otro lado (foto 4). El interior tiene que quedar completamente crudo pero caliente.

Debes cortar la pechuga en filetes antes de servirla. Recuerda que esta carne es por naturaleza muy roja y tiene un aspecto sangrante, aunque nada más lejos de la realidad; se trata de una carne muy jugosa y con un sabor muy original.

CARNES Y AVES

Magret de **pato** con salsa de frambuesas y manzana ácida

2
personas

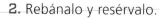

Para el magret de pato
• 1 magret de pato

1. Practica unos cortes transversales a la grasa del magret y ponlo sobre un sartén caliente. Deja que la grasa se funda poco a poco hasta que desaparezca por completo. Al mismo tiempo, riega la parte superior con la grasa restante. Da la vuelta al magret y cocínalo por el otro lado durante 2 minutos.
2. Rebánalo y resérvalo.

Para la salsa de frambuesas
• 2 cebollas picadas
• 300 g de frutos rojos (frambuesas, zarzamoras, etc.)
• azúcar
• 100 ml de vino tinto
• 200 ml de caldo de carne de res

3. Acitrona la cebolla hasta que esté transparente. Incorpora los frutos rojos y sofríelos. Añade 1 pizca de azúcar para eliminar la acidez y, cuando empiece a caramelizarse, agrega el vino tinto. Deja que reduzca y vierte el caldo de carne.
4. Cuécelo durante 30 minutos y licúalo. Después, pasa la salsa por un colador fino y resérvala.

Para la manzana ácida
• 1 manzana verde
• jugo de limón
• aceite

5. Corta la manzana con la piel en rebanadas muy finas.

6. Elabora una vinagreta con el jugo de limón y el aceite, y rocía con él la manzana que has cortado. Con ello evitas que la manzana se oxide, al mismo tiempo que aportas un delicioso sabor.

Montaje

7. Calienta las rebanadas de pato en el horno a 130 °C durante 3 minutos para que se templen, pero no se pasen. Colócalas en el centro del plato y añade alrededor la salsa de frutos rojos. Corona con las rebanadas de manzana cubriendo el plato para darle volumen.

Truco para hacer virutas de foie

Una forma deliciosa, divertida y rápida de incorporar *foie* de pato en las ensaladas, las cremas o incluso las carnes es presentándolo en forma de virutas. Para ello, congela el *foie* (ya sea *micuit*, en bloque o en mousse). Una vez esté congelado, con la ayuda de un pelador de papas, saca unas cuantas virutas del tamaño que desees. A continuación, las puedes volver a introducir en el congelador o bien colocarlas directamente en el plato. Es conveniente espolvorear este *foie* con unas escamas de sal antes de servirlo. Si tienes una rebanadora de jamón en casa, también puede resultar útil para obtener las virutas.

Truco para cocinar foie a la plancha

Actualmente es posible encontrar una gran variedad de *foies*, que se catalogan por su calidad. Para hacerlo a la plancha es recomendable comprarlo de la mayor calidad posible, una característica que se hace patente al ponerlo en un sartén bien caliente. Si la rodaja de *foie* libera mucha grasa, es decir, si se deshace, será un indicio de que no es de calidad; si, por el contrario, al ponerlo en el sartén bien caliente, el *foie* no merma ni libera grasa, indicará que es de una calidad excelente.

Para que el *foie* no pierda un gran volumen, tienes que enharinarlo antes de ponerlo en el sartén. De esta manera se reduce la merma y podrás disfrutar de un *foie* a la plancha.

Truco para preparar un rosbif

El *rosbif*, un delicioso corte de carne de res, es muy fácil de preparar y resulta muy aparente para presentar en días de fiesta.

Solo se necesita 1 kg de carne, ajo, pimienta, sal y hierbas aromáticas. Si la pieza de carne escogida contiene un exceso de grasa, conviene eliminarla y, a continuación, se ata la pieza con hilo de cocina. Seguidamente se dora el *rosbif* en un sartén con un poco de aceite de oliva, a la que se añaden el ajo y las hierbas aromáticas (laurel, tomillo, romero...). Hay que ir dando la vuelta al *rosbif* hasta que esté dorado por todos los lados. En este punto se añade la sal, pues así los jugos permanecen en el interior de la carne y ésta queda más sabrosa, y la pimienta. Para finalizar se hornea a unos 200 °C durante 20 minutos. Pasados estos minutos, conviene apagar el horno y dejarlo dentro 5 minutos más con la puerta entreabierta. La carne tiene que quedar rosada por dentro y se sirve cortada en rodajas muy finas.

Truco para ablandar carnes de ave

Las carnes de ave, por lo general, tienen partes que son más duras. Con este truco lograrás ablandar estas piezas de una manera muy sencilla.

Una forma de ablandarlas es golpeando varias veces la pieza para que se rompan las fibras, una técnica que se utiliza con bastante frecuencia. Otro modo, tal y como se muestra en las fotos 1 y 2, consiste en inyectar al ave, de manera uniforme, y con la ayuda de una jeringuilla, un líquido que contenga licor.

2

1

Para ello pincha al ave en varias zonas y deja que repose. De esta forma la carne queda mucho más tierna y sabrosa, sobre todo en las partes que tienen menos grasa y son

más delicadas, así como en aquellas que pueden quedar secas y correosas. Los licores más adecuados son el brandy (el de la foto), un tipo licor de manzana (calvados) o incluso un licor blanco como la ginebra. Este mismo truco se puede aplicar mezclando el licor con un consomé, con lo que quedará igual de jugoso, al mismo tiempo que se potencia el sabor del ave. Hay muchos modos de hacer que la carne quede más blanda, como introducir el ave en leche durante varias horas o marinarla en jugo de cítrico (lima, limón, naranja). Tanto los cítricos como la leche actuarán sobre el ave y romperán sus fibras.

TRUCO FÁCIL

Mundo dulce

Truco para tamizar harinas para bizcochos

Uno de los trucos para que las salsas, las cremas y las pastas salgan mucho más finas y no tengan grumos es tamizando la harina o los azúcares. Se trata de un paso muy sencillo y muy rápido, pero fundamental en el universo dulce. Para tamizar se necesita un tamiz o, en su defecto, un colador fino (el colador que se suele tener en casa). Además, hay que destacar que cuanto más finos sean los agujeros, más efectivo será el tamizado.

El tamizado debe realizarse antes de incorporar el producto a la elaboración que vayas a preparar. Para ello, pon la cantidad precisa de harina o azúcar sobre el tamiz o colador (foto 1) y muévelo enérgicamente para obtener una harina muy fina y sin ningún grumo (foto 2). También este tamiz es muy útil cuando se precisan harinas para frituras, ya que se evita el exceso de harina en el producto.

1

2

Truco para preparar un bizcocho exprés

Con este truco podrás elaborar un bizcocho muy esponjoso, de una manera divertida y, a su vez, de un modo muy fácil. Con esta técnica podrás hacer bizcochos dulces de una infinidad de sabores, pero también los podrás preparar salados. Para ello necesitarás un sifón de cocina, utensilio que se usa en las cocinas

profesionales, aunque cada día se están introduciendo más en las domésticas por su facilidad a la hora de emplearlo.

1. En primer lugar, elabora una base de bizcocho tradicional con huevo, harina, azúcar y yogur (foto 1). Después, licúalo

(foto 2) y pasa la masa por un colador fino para que no tenga ningún grumo. Introduce esta preparación en el sifón de cocina (foto 3), tápalo y deja que repose durante una hora con una carga de gas (debe ser específico para el sifón).

2. Una vez transcurrido este tiempo, pon la espuma del sifón en un vaso de plástico (foto 4) previamente agujereado con un alfiler en la parte inferior (con ello, conseguirás que el calor incida de manera homogénea), introdúcelo en el microondas durante 40 segundos a potencia máxima, sácalo y deja que se enfríe durante 3 minutos. Extráelo del vaso con la ayuda de un cuchillo mondador y tendrás el bizcocho listo para comer.

Si lo deseas salado, puedes añadir a la base cebolla confitada, que le dará un matiz estupendo.

Bizcocho de **chocolate** con **helado** y fresas

30'
1'

4
personas

Para la base del bizcocho
- 30 g de chocolate de cobertura
- 180 g de claras
- 120 g de yemas
- 120 g de azúcar
- 30 g de harina

1. En primer lugar, derrite el chocolate a baño María y mézclalo con el resto de ingredientes. Licúalos con la ayuda de un procesador de alimentos y pasa la preparación por un colador fino.
2. Ponla en el sifón y, después de verterla en un vaso de plástico, introdúcela en el microondas durante 40 segundos a potencia máxima. Deja que repose 3 minutos y desmolda. Reserva.

Para las fresas
- 50 g de azúcar
- 50 ml de agua
- 2 fresas

3. Haz un almíbar de la manera tradicional con el agua y el azúcar. Pon la mezcla al fuego y déjala cocer durante 25 minutos. Cuando hayas obtenido el almíbar, déjalo enfriar.
4. Cuando el almíbar esté frío, corta las fresas en cuartos con un cuchillo e introdúcelas en el almíbar durante 15 minutos. Pasado este tiempo, sácalas, escúrrelas bien y resérvalas.

Montaje
5. Desmenuza el bizcocho en trozos y pon unas 4 porciones por plato. Coloca en el centro una bola de helado de vainilla.

6. Coloca los cuartos de fresas en almíbar alrededor del plato. Decora con unas hojas de menta fresca y con algunas frutas, como frambuesas, arándanos o zarzamoras.

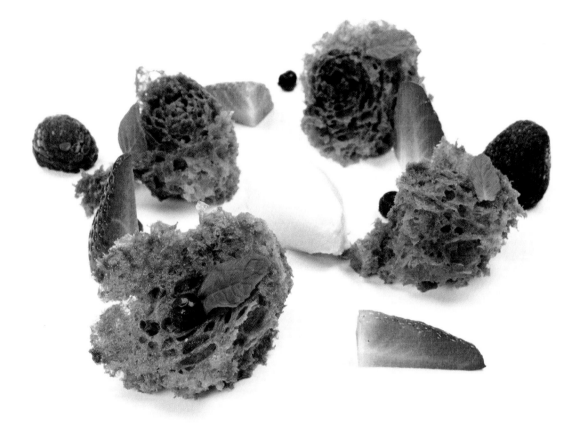

Truco para que un bizcocho quede líquido en su interior

Es frecuente preguntarse cómo es posible que un bizcocho quede líquido en su interior. Algunas personas creen que el líquido se introduce con una jeringa; sin embargo, el procedimiento resulta mucho más sencillo. Cuando tengas lista la masa del bizcocho de chocolate, introduce en su interior una onza de chocolate y mete el bizcocho en el horno. El truco consiste en hornearlo a una temperatura muy alta para que se cuaje la parte exterior y el interior quede líquido. A continuación, saca el bizcocho del horno, e introdúcelo con rapidez en el refrigerador. Para calentarlo, mételo unos segundos en el microondas y estará listo.

Truco para hornear un bizcocho

Si deseas hornear un bizcocho, el mejor truco es precalentar el horno a unos 180 °C aproximadamente. Asimismo, hay que tener en cuenta que el calor debe ser homogéneo; es decir, si el horno tiene ventilador, es preferible calentarlo con las resistencias superiores e inferiores.

También es importante no abrir el horno una vez que introduzcas el bizcocho hasta que transcurran unos 30 minutos, o unos dos tercios del tiempo total de cocción, pues de lo contrario perjudicaría al bizcocho. Por último, es aconsejable apoyar el molde en una rejilla, pues de este modo se consigue una temperatura homogénea.

Truco para que el bizcocho quede más esponjoso

Si añades mucho polvo para hornear a un bizcocho, una vez horneado, quedará seco y quebradizo. Para que no ocurra esto, y obtengas un bizcocho más alto y esponjoso, sustituye una parte de polvo para hornear por yogur natural,

hornéalo de la manera habitual con el horno precalentado y a una temperatura constante y verás cómo, una vez horneado, el bizcocho ha subido mucho más y no está seco, sino jugoso y esponjoso.

Truco para que no se hundan los frutos secos en un bizcocho

Es frecuente que al preparar bizcochos con frutos secos, estos se vayan al fondo. Para evitarlo, humedece los frutos secos con agua y después espolvoréalos con harina. Sacúdelos bien

para retirar el exceso de harina, e introdúcelos en la masa del bizcocho una vez que la hayas vertido en el molde. Hornéalo de la manera habitual y verás cómo los frutos secos quedarán en la parte superior y central del bizcocho.

Truco para evitar que suba el hojaldre

En pastelería, el hojaldre (foto 1) se puede emplear para un gran número de recetas, aunque muchas veces es difícil controlarlo, sobre todo a la hora de hornearlo.

El hojaldre, por lo general, tiende a subir y a formar varias capas, pero en muchas ocasiones no buscamos ese efecto. Para evitarlo, estira el hojaldre con la ayuda de un rodillo y pínchalo muchas veces con un tenedor (foto 2). No obstante, con este proceso por sí solo no te asegurará por completo de que el hojaldre no suba. Para evitar que suba, coloca garbanzos crudos encima del hojaldre; con este sobrepeso, el hojaldre no podrá aumentar de volumen. Otra opción, si no tienes a mano garbanzos crudos, es poner unas cucharas encima del hojaldre (foto 3); la función será la misma. Hornéalo a unos 220 °C con el horno precalentado el tiempo necesario para que se cueza y no quede crudo.

Otro pequeño truco consiste en cortar el hojaldre antes de hornearlo, ya que si lo cortas después, corres el riesgo de que se cuartee. Este truco es válido tanto para los hojaldres caseros (preparados por nosotros mismos), como para las placas de hojaldre compradas en un supermercado.

Para que la parte superior adquiera un color más dorado, lo único que hay que hacer es pintarlo con una brocha y un poco de huevo batido (foto 4). Este hojaldre se puede usar tanto para recetas dulces como saladas.

Hojaldre con **crema pastelera** y pera **caramelizada**

3 personas

Para la placa de hojaldre

- 1 placa de hojaldre para 3 unidades
- huevo batido

1. Hornea la placa de hojaldre como se ha explicado en el truco anterior. Para evitar que suba, coloca unos garbanzos crudos encima del hojaldre.

Para la crema pastelera

- 500 ml de leche
- 1 vaina de vainilla
- 4 yemas
- 125 g de azúcar
- 40 g de fécula de maíz

2. Infusiona la leche con la vaina de vainilla y resérvala.
3. Mezcla las yemas, el azúcar y la fécula de maíz. Bátelos bien y añade la leche sin dejar de remover.
4. Pon la preparación a fuego medio, removiendo continuamente. Cuando espese, retira el recipiente del fuego y reserva la crema en el refrigerador para que repose.
5. Ponla en una manga pastelera y resérvala.

Para la pera caramelizada

- 1 pera
- 30 g de azúcar

6. Pela la pera y córtala en rebanadas finas. Espolvoréala con azúcar y caramelízala con la ayuda de un soplete. Otra opción sería colocarla en la zona alta del gratinador del horno, para, con mucho cuidado, caramelizarla. Resérvala.

Montaje

7. Pon en el fondo del plato una base de crema pastelera y, sobre ella, la pera que hemos caramelizado.
8. Corta el hojaldre en triángulos y pon 2 trozos en los laterales para aguantar la crema y la pera.
9. Para terminar el plato, puedes acompañarlo con una bola de helado de vainilla y un poco de crema montada.

Truco para montar crema

Muchas veces habrás observado que montar crema resulta más difícil de lo normal. Esto se debe a diversos factores que influyen de manera directa en la elaboración. Uno de los más importantes es que posiblemente no se trate de una crema apta para montar. Hay que destacar que no todas las cremas líquidas son válidas. Por lo general, la crema ácida que se suele vender en los supermercados no tiene la cantidad de materia grasa necesaria para montarla. Uno de los trucos para montar crema es la temperatura. Si está muy fría, monta mucho

2

antes. En este sentido, como ayuda, es posible emplear un tazón con agua con hielo debajo a modo de baño María pero a la inversa (fotos 1 y 2). Con ello, la crema monta mucho antes y la textura que se obtiene es mucho más fuerte. Otro pequeño truco consiste en añadir el azúcar (si es necesario) mientras esté semimontada y no al empezar a montar la crema. Cuando montes crema, debes estar muy pendiente porque, si la montas en exceso, ésta se convierte en mantequilla (se corta) y resulta imposible de aprovechar en alguna otra preparación.

1

Truco para montar bien una tarta de diferentes capas

A la hora de hacer una tarta, uno de los pasos más importantes es el montaje. Para ello, hay que saber construirla correctamente. En primer lugar, pon siempre las capas más pesadas (bizcocho, puré de frutas, etc.) en la parte inferior, y móntala

de más a menos hacia arriba. De este modo conseguirás que las capas no aplasten las cremas y se mezclen, lo que implica que la tarta quede más vistosa. Por último, es importante enfriar bien las capas (incluso congelarlas) para que se asienten correctamente en las bases.

Truco para preparar mermelada casera

En temporadas concretas del año, se venden frutas a precios muy interesantes. Una buena manera de utilizarlas es haciendo mermeladas. Un truco para que siempre salgan igual es añadir la cantidad de azúcar adecuada. En primer lugar, tienes que dejar que la fruta madure, ya que con ello conseguirás un toque extra de dulzor. Después, añade por cada kilo de fruta 1 kg de azúcar. Con ello te asegurarás de que siempre te quede igual (foto 1). Reserva el azúcar mezclado con la fruta en un sitio fresco durante medio día, ya que con ello conseguirás que ésta libere toda el agua (foto 2).

A continuación, pasa la mezcla a un cazo (foto 3) y cuécela a fuego medio sin dejar de remover, un proceso que te llevará alrededor de 15 minutos. Un truco para saber si está lista es introducir una cucharada de la mezcla en el refrigerador, y, si transcurridos 5 minutos, se pega en los dedos, quiere decir que la mermelada ya se puede degustar. Asimismo, si la mezcla se contrae, indica que ya se puede comer (foto 4). Si preparas mucha cantidad y la quieres conservar, lo mejor es meter la mermelada en frascos de vidrio y cocerla a baño María durante 10 minutos. Así la podrás conservar durante meses sin ningún riesgo de que se estropee.

Rollitos con **mermelada casera** de **naranja**

4
personas

Para la mermelada de naranja
- 1 kg de naranja
- 1 kg de azúcar

1. Prepara la mermelada siguiendo el proceso que se ha explicado en el truco anterior, pero añade unas tiras finas de piel de naranja. Para ello, pela la naranja, sin la membrana blanca para que no amargue la mermelada, y cuécela en agua durante 20 minutos.
2. Retírala del fuego y pícala en juliana muy fina, que incorporarás cuando mezcles la naranja y el azúcar para preparar la mermelada.

Para los rollitos
- 4 huevos
- 200 g de harina
- 50 g de azúcar
- 30 g de mantequilla
- 250 ml de leche
- una pizca de sal

3. Calienta un sartén grande y antiadherente a fuego medio.
4. Separa las yemas de las claras.
5. En un tazón grande, tamiza la harina, la sal y el azúcar. Haz un hueco en el centro y agrega las yemas, la mantequilla derretida y la leche. Mezcla poco a poco con la ayuda de un batidor globo, hasta conseguir una masa lisa y densa.

6. Bate las claras a punto de nieve e incorpóralas a la preparación anterior.

7. Cuando el sartén esté caliente, pero no en exceso, agrega un poco de margarina. Con una cuchara, vierte un poco de masa para hacer tortitas. Déjala en el sartén de 1 a 2 minutos, hasta que esté dorada; dale la vuelta con una espátula y deja que se dore otro minuto. Repite la operación cuantas veces sea necesario. El tamaño de las tortitas depende de ti. En este caso conviene que las hagas muy finas para poder rellenarlas como si se tratara de un canelón.

Montaje

8. Rellena las tortitas con la mermelada de naranja y enróllalas para que la presentación sea más atractiva.

9. Pon los rollitos en el centro del plato y acompáñalos con uvas cortadas por la mitad, fresas y crema montada.

Truco para dar brillo al hojaldre o a otros panes

Si extiendes un hojaldre comprado en una gran superficie, que suele ser muy económico y te ahorrará tiempo, u horneas panes caseros, lo mejor es barnizar con un poco de huevo batido antes de hornearlos, ya que adquirirán un bonito color dorado una vez que estén horneados.

Asimismo, cuando saques el postre del horno, y una vez que hayas dejado que se enfríe, puedes pincelarlo con un poco de almíbar neutro, que hará que la pieza horneada brille. También existe una solución que queda muy bien y, además, es muy económica, que consiste en añadir al final del proceso una gelatina llamada brillo.

Truco para trabajar la mantequilla

La mantequilla fresca se usa en muchísimas recetas dulces. Por lo general, se suele introducir en el refrigerador para que se conserve durante más tiempo y en mejores condiciones. Sin embargo, cuando se saca del refrigerador, suele estar demasiado dura para trabajarla. Para ello, lo ideal es sacar la mantequilla unas horas antes de preparar el postre para que se vaya ablandando a temperatura ambiente. Si te has olvidado de sacarla con antelación, introdúcela unos segundos en el microondas en la opción de descongelar para que suba su temperatura. Lo ideal para trabajarla es que esté ablandada o a punto de pomada.

Truco para conseguir el mismo grosor en las galletas

Puedes conseguir el mismo grosor en una masa de galletas o en cualquier otro tipo de masa de un modo muy sencillo. Coloca la masa entre dos tablas del mismo tamaño y grosor, y, con la ayuda de un rodillo, estira la masa. Retira las tablas y tendrás la masa lista para cortarla y hornearla. Con esto conseguirás que todas las galletas se horneen de una manera homogénea.

Truco para convertir azúcar refinada en azúcar glass

En muchas recetas de pastelería se necesita azúcar glass. A pesar de que se encuentra con facilidad en las tiendas, es un azúcar muy sencillo de hacer en casa con la ayuda de un simple procesador de alimentos, y te resultará algo más económico que comprarlo.

Pon en el procesador el azúcar refinada que vayas a necesitar (foto 1) y tritúralo a potencia máxima durante 2 minutos. Deja que repose durante 1 minuto y vuelve a triturarlo 2 minutos más (foto 2). Sácalo y pásalo por un colador fino o por un tamiz, como se explica en el truco para tamiz harinas, para que no quede ningún grumo de azúcar. Puedes hacer bastante cantidad, porque se trata de un azúcar que se puede conservar con mucha facilidad y así siempre lo tendrás disponible para tus elaboraciones. Como curiosidad, conviene saber que el azúcar glass se siente el doble de dulce al estar

tan refinado. El azúcar glass original lleva normalmente un 3% de almidón, que es fácil de añadir, si se desea, incorporando 3 g de fécula de maíz tamizada a la mezcla de azúcar antes de triturarla. Este azúcar también se suele denominar azúcar impalpable, azúcar pulverizado, flor de azúcar o azúcar nevado. Por último, el efecto que se consigue en la boca con este azúcar es que se derrita instantáneamente.

Si quieres aromatizar el azúcar, introdúcelo durante unos días en un recipiente hermético con el producto con el que desees aromatizarlo (canela, vainilla, café, cortezas de cítricos, pétalos de rosa...). Controla la cantidad de azúcar que tienes que añadir, ya que el sabor será muy intenso. Se puede emplear esta misma técnica para dar color al azúcar con colorantes alimentarios.

MUNDO DULCE

Truco para espolvorear y decorar con azúcar glass

Es posible espolvorear azúcar glass de una manera muy sencilla con la ayuda de un colador fino. Se trata de la misma técnica que se ha explicado para tamizar las harinas, y se hace en un momento. En este caso es muy útil para decorar platos o pasteles, y también puede emplearse con la cocoa.

Para decorar una tarta de chocolate, usa una blonda de papel, que se utiliza principalmente para colocarla sobre los platos para evitar que se ensucie la vajilla, una carpeta de crochet de las que se empleaban en casa antiguamente. Verás que queda muy divertido.

Coloca la blonda o la carpeta sobre la tarta con el dibujo que desees plasmar y espolvorea con azúcar glass, sobre todo por la parte de los agujeros (foto 1).

A continuación, con mucho cuidado, retira la blonda o el tapete y tendrás el dibujo en la tarta tal y como muestra la foto 2. Otra forma diferente de hacer dibujos con la misma técnica es usando una hoja en blanco de la forma que más te guste. Estos trucos son muy habituales en las pastelerías profesionales,

y son muy fáciles de usar en las cocinas de los aficionados.

Truco para aprovechar el pan del día anterior

En las casas, en muchas ocasiones sobra bastante pan del día. En general, suele aprovecharse para hacer pan rallado con la ayuda de un procesador. Pero hay infinidad de recetas que puedes elaborar con él, tanto dulces como saladas.

En el caso de las saladas, uno de los usos más conocidos son los empanizados, en las que el pan duro tiene una importancia fundamental.

Asimismo, se puede emplear para espesar sopas frías como el gazpacho andaluz, o incluso para hacer adobos con frutos secos y chiles secos para marinar carnes.

Pero en el mundo dulce también tiene muchas aplicaciones, como las capirotadas, un postre muy conocido que antiguamente elaboraban nuestras abuelas para aprovechar el pan que sobraba.

Pero aquí se va a dar un paso más, y se va a presentar la receta para preparar un budín. Con este truco, verás cómo se introduce el pan dentro de una mezcla de flan y cómo luego, una vez elaborado, sirve de base para este postre, restando así un punto de dulzor. Esta base, por lo general, suele ser de mantequilla y harina, que aquí se sustituirá por pan (mucho más económico), de ahí el nombre original francés, pan perdido. Véanse fotos 1-4 y la receta de la página siguiente.

MUNDO DULCE

Budín de pan perdido

55'
55'

8
personas

Para la mezcla de flan
- 1 l de leche
- la ralladura de 1 naranja y de 1 limón
- 1 vaina de vainilla
- 400 g de huevo batido
- 250 g de azúcar
- pan del día anterior (duro)

1. Pon la leche en un cazo con las ralladuras de naranja y de limón y la vaina de vainilla. Llévala a ebullición y retírala del fuego.
   A continuación, deja que hierva por segunda vez y tápala para que se infusione bien.
2. Bate los huevos con el azúcar y resérvalos.
3. Corta el pan en trozos no demasiado pequeños y distribúyelo en un molde de panqué rectangular, previamente untado con un poco de mantequilla.
4. Cuela la leche y mezcla la infusión de leche con los huevos y el azúcar, removiendo continuamente para que no se cuaje el huevo.
5. Vierte la preparación a base de huevo y leche en el molde rectangular empapando bien el pan.
6. Hornea a 170 °C durante aproximadamente 50-55 minutos, según el tipo de horno. Sácalo del horno, deja que se enfríe y desmolda el budín.

Montaje
7. Corta el budín en raciones y pon sobre cada ración un poco de caramelo. Puedes acompañarlo con un helado de crema y decorarlo con alguna fruta fresca de temporada, como unas fresas, uvas o kiwi.

Truco para hacer un glaseado para pasteles y bizcochos

Los glaseados son muy importantes en los pasteles y bizcochos, ya que aportan la parte más visual del postre. Es esencial que el resultado quede fino y brillante. Para ello, mezcla los ingredientes (cocoa, leche en polvo, crema, azúcar, agua mineral y grenetina) y cuécelos, a excepción de la gelatina, a 102 °C; después, incorpora la gelatina y tritura todo con una licuadora, pásalo por un colador (para que quede fino) y glasea con ello el postre. Es importante glasear cuando tenga una temperatura de 25 °C, aproximadamente. También resulta de ayuda que la temperatura del postre haya descendido antes de glasearlo.

Truco para decorar un pastel

En ocasiones, tras preparar un pastel, es fácil que no sepas cómo decorarlo. Con este truco, y de una manera muy sencilla, lo podrás decorar con caramelo, con lo que le conferirás volumen y un aspecto muy vistoso. Para ello, compra azúcar isomalt, que se comercializa en tiendas especializadas en pastelería. Pon en un cazo un par de cucharadas y deja que se derrita (ten cuidado, ya que quema mucho). Después, con la ayuda de una cuchara, coge muy poco y mueve la cuchara con fuerza fuera del cazo para obtener hilos. Recógelos y modélalos en forma de bola. Colócala sobre el pastel para darle volumen y lo tendrás listo.

Truco para hacer una base de tarta

Las bases de las tartas suelen ser de paste brisée, pero con este sencillo truco conseguirás una base deliciosa, crujiente, fácil de elaborar y de precio muy económico.

En primer lugar, tritura unas galletas María® y mézclalas con mantequilla a punto de pomada (templada) y pon la preparación en la base de un molde. Deja que se enfríe y monta el resto de la tarta. Esta base aguantará muy bien la humedad y conferirá estabilidad a la tarta.

Truco para dar forma a las tejas de almendra

Las tejas de almendra suelen ser las preferidas a la hora de tomar el café. Su elaboración es muy sencilla, ya que se precisa clara de huevo, almendras, mantequilla, azúcar y harina. Mezcla todos los ingredientes, forma las galletas con la masa (planas y con forma redondeada) y hornea la preparación a 180 °C durante unos minutos. Como estas galletas se denominan tejas por la forma que tienen, con este truco podrás preparar muchísimas de una vez. Para ello, dales la forma con un tubo estrecho (por ejemplo, un rollo de cartón de papel absorbente) cuando saques las galletas del horno, todavía calientes. Colócalas en el centro del tubo y deja que los laterales caigan por su propio peso para así conseguir la forma de una teja curvada.

Truco para preparar mantequilla de sabores

Este truco permite obtener tanto mantequilla dulce como salada.

En primer lugar, la mantequilla debe estar a punto de pomada; para ello, caliéntala en el microondas poco a poco sin que llegue a derretirse. Si esto ocurriera, tan solo hay que dejarla enfriar de nuevo para trabajarla. Después, añade queso rallado (foto 1), mézclalo y en un plástico autoadherible pon la cantidad deseada y enróllalo con la mantequilla en su interior como se muestra en la foto 2. Con las manos, enrolla los extremos del plástico y resérvala en el refrigerador unas 3 horas. Cuando esté fría, ya está lista para emplearla. Puedes elaborar galletas de queso.

El queso también se puede sustituir por canela, pimentón, trufa o cualquier ingrediente con el que desees potenciar tus platos. Esta mantequilla también es ideal para coronar arroces y, de este modo, potenciarlos.

Truco para obtener enjambres crujientes

Con este truco conseguirás enjambres muy crujientes de una manera muy fácil. En primer lugar, derrite el chocolate a baño María. Cuando adquiera una textura líquida, añade un puñado generoso de hojuelas de maíz. Remueve y, con la ayuda de un tenedor, coloca montoncitos de cereales impregnados de chocolate sobre un trozo de papel antiadherente (para que no se peguen). Deja que se enfríen en el congelador y los tendrás listos para degustar. Se pueden completar con frutos secos, y también puedes emplear chocolate blanco en lugar de negro.

Truco para aromatizar la crema pastelera

La base de una buena crema pastelera es saber aromatizar correctamente la leche que se emplea en el postre. Para ello, calienta la leche con una vaina de vainilla fresca abierta a la largo y ráspala con un cuchillo para retirar las semillas, que también añadirás a la leche. Para potenciar el sabor, como mínimo, debes poner la leche en infusión dos veces. También puedes agregar una rama de canela y ralladura de naranja, ya que su sabor será mejor. Asimismo, el azúcar avainillado que suele venderse dará un sabor especial a la crema pastelera.

Truco para saber si un flan está cocido

Tal vez tengas dudas sobre si un flan está bien cocido, pues al ser opaco y cocerse en un molde es difícil saber si su interior está totalmente cuajado.

Con este simple truco sabrás si el flan está en su punto. Cuando consideres que está listo, inserta un cuchillo fino o un alambre en el centro y sácalo despacio. Si el cuchillo está del todo limpio, indica que el flan está en su punto; si, por el contrario, la hoja sale sucia, con restos de huevo o de flan, quiere decir que todavía debe hornearse un poco más.

Truco para preparar caramelo

El caramelo está constituido básicamente por agua y azúcar. Con este truco conseguirás una buena textura y que el caramelo no tenga sabor a quemado. Pon el azúcar con el agua en un sartén y añade el jugo de medio limón para que quede más líquido. Deja que cueza a fuego bajo, y el azúcar pasará de jarabe a caramelo, y adquirirá la tonalidad que desees (rubio, blanco u oscuro). No muevas el caramelo mientras se esté cociendo, ya que no quedaría bien.

Truco para que no se peguen los flanes y los budines

Uno de los mayores problemas con el que es frecuente encontrarse al hacer flanes, budines u otros dulces en un molde al horno, suele ser que una vez preparados, cuando se enfrían, se suelen pegar en el molde. Con este truco evitarás esos molestos contratiempos, y podrás desmoldar flanes y budines en un momento y sin disgustos.

(foto 1). Después, espolvorea un poco de harina con la ayuda de un colador para que no haya un exceso de harina (foto 2); si el budín fuera salado, también puedes emplear pan rallado.

Rellena el flan o el budín, cuécelo y deja que se enfríe.

Por último, para desmoldarlo, calienta la base del molde directamente al fuego y vuelca el postre sobre el plato o la bandeja en la que lo vayas a servir o a degustar.

En primer lugar, unta el molde que vayas a emplear con mantequilla derretida; para que te resulte más sencillo, extiéndela con una brocha

Truco para que las galletas se conserven crujientes

Cuando elaboras muchas galletas en casa, en ocasiones corres el riesgo de que se reblandezcan a causa de la humedad ambiental. Para que esto no ocurra y las galletas se conserven crujientes, introdúcelas en una caja con unos sobres de gel de sílice, que absorberá toda la humedad del interior de la caja y conservará en perfecto estado las galletas. Este gel suele introducirse en las cajas de zapatos y es muy fácil de encontrar en cualquier tienda deportiva.

Truco para separar las yemas de las claras con facilidad

Este truco, además de ser muy fácil, también resulta divertido. Para separar las yemas de las claras, pon el huevo cascado en un plato hondo o sopero y, con la ayuda de una botella de plástico pequeña (de agua, por ejemplo), coloca la boca de la botella en la yema del huevo y presiona con la mano la mitad de la botella, de manera que la boca de la botella aspire la yema como si de un aspirador se tratara. Este truco resulta muy útil cuando se quiere separar un gran número de yemas. Si luego vas a utilizar las yemas, podrás ponerlas en un plato con un leve golpe en la botella.

Truco para evitar que salga espuma al freír pan francés

El aceite suele hacer mucha espuma cuando se fríe pan francés o torrejas, lo que dificulta su fritura. Para evitarlo, introduce un palillo de madera en el aceite y comprobarás cómo la espuma se reduce de una manera considerable. También da buen resultado poner azúcar al huevo batido por el que vas a pasar la preparación.

Truco para hacer helado sin máquina de helados

El mundo de los helados es muy complejo, y normalmente se necesitan máquinas sofisticadas (máquinas especializadas) para poder preparar helados. Este sencillo truco te permitirá elaborar helados naturales y sin necesidad de batir o máquinas.

1. En primer lugar, haz un puré con la fruta natural que desees (fresas, plátano, durazno). Para ello, tritúrala con la ayuda de una licuadora y después pásala por un colador fino para que no tenga grumos.

2. Por otro lado, monta claras a punto de nieve y mézclalas con mucho cuidado

con el puré de frutas con movimientos envolventes de abajo hacia arriba, en una proporción de volumen del 70% de claras y el 30% de frutas.

3. Congela la preparación resultante en recipientes herméticos durante un mínimo de 4 horas. Después, sácalos del congelador y vuelve a licuar hasta conseguir la textura de crema deseada. De esta manera, obtendrás un helado cremoso, fácil y rápido de elaborar.

Asimismo, existe otra opción más rápida. Se trata de congelar queso crema (como en la receta de helado de queso crema con frutos rojos) o crema y, al mismo tiempo, el puré de frutas o, si se desea, las frutas enteras (así el helado tendrá trozos de fruta). A continuación, vierte todo en un vaso de licuadora y licúalo. Gracias a este truco, elaborarás helado de una manera muy rápida y sin necesidad de tener una máquina de helados. Véanse fotos 1-4 y la receta para el helado A de la página siguiente.

Helado de queso crema con frutos rojos y bizcocho de limón

25'
1h20'

4
personas

Para el helado A

- 500 g de queso crema
- 100 g de crema para batir
- 250 g de frutos rojos congelados
- 100 g de azúcar

1. Introduce todos los ingredientes en el congelador, a excepción del azúcar.
2. Cuando estén congelados, licúalos en la licuadora o en un procesador de alimentos y reserva la preparación en el congelador hasta el momento de servirla.

Para el helado B

- 500 g de frutos rojos
- 100 g de azúcar
- 3 claras
- 100 g de queso crema

1. Pon los frutos rojos con la mitad del azúcar a baño María y deja que cuezan durante 25 minutos.
2. Retira el recipiente del fuego y licúa el contenido para obtener un puré.
3. Monta las claras a punto de nieve con la otra parte del azúcar. Añade el puré de frutos rojos poco a poco, y de abajo arriba, e incorpora el queso en dados muy pequeños. Reserva un poco del puré de frutos rojos para el montaje del plato.
4. Pon la preparación en recipientes, e introdúcelos en el congelador entre 3 y 4 horas. Una vez congelada, vuelve a licuar la mezcla y tendrás un helado delicioso y fácil de hacer.

Para el bizcocho de limón

- 125 g de mantequilla
- 220 g de harina
- 80 g de azúcar
- 3 huevos (yemas y claras separados)

- 1 yogur de limón
- 6 g de polvo para hornear
- la ralladura de 1 limón

5. Mezcla la mantequilla con la harina, el azúcar y el polvo para hornear, amasando bien para que no queden grumos. Añade poco a poco las yemas a la mezcla hasta que se incorporen por completo.

6. Por otro lado, bate las claras a punto de nieve. Incorpóralas a la preparación anterior poco a poco, de abajo arriba, y añade el yogur de limón con la ralladura.

7. Pon la mezcla en un molde para horno y hornea 50 minutos a 170 °C. Deja que el bizcocho se enfríe y córtalo en dados. Reserva.

Montaje

8. Pon una bola de helado A o B en el centro del plato. Añade por encima la salsa de frutos rojos que habías reservado en el punto 3 del helado B. Coloca alrededor unos dados de bizcocho de limón y decora con unos frutos rojos, unas galletas partidas en trozos y unas hojas de menta.

Truco para montar merengue

Para montar merengue es muy importante cerciorarse de que el tazón o el recipiente en el que se van a poner las claras esté completamente seco, que no tenga ni una gota de humedad. Asimismo, las claras deben estar frías, ya que esto ayudará a que se monten con más rapidez. Si están a temperatura ambiente, a pesar de que también se montarían, el proceso resulta más arduo.

Tras todos estos preámbulos, añade una pizca de sal para que las claras suban antes (foto 1). Un error frecuente es añadir el azúcar antes de empezar a batir, cuando lo que se debe hacer es incorporarlo cuando las claras comiencen a adquirir un tono blanquecino y doblen su volumen.

Otro truco es batir enérgicamente con un ritmo constante y siempre en la misma dirección. Asimismo, es frecuente preguntarse si las claras están bien montadas para hacer el merengue o postre. Un método para saberlo consiste en dar la vuelta al recipiente, como se observa en la foto 2; si el contenido se queda pegado y no se cae ni una gota, quiere decir que el merengue está listo.

1

2

Truco para preparar mousse de galletas

Para este truco necesitarás papilla de cereales y galleta para niños, algo que encontrarás con mucha facilidad en cualquier supermercado. Cuece alrededor de 8 minutos esta base de papilla junto a la crema e incorpora azúcar.

Pasa la preparación por un colador para eliminar los trozos grandes y añade un poco más de crema. Pon la mezcla en un sifón de cocina junto a una carga de gas, agita bien y obtendrás un delicioso mousse con sabor a galleta.

Truco para derretir chocolate en el microondas

Muchas veces, al preparar platos que contengan chocolate es frecuente no saber cómo fundirlo correctamente. Entre los problemas más normales se encuentran que se queme el chocolate (por derretirlo a temperatura alta), que no se separe la materia grasa de éste (también puede deberse a la baja calidad del chocolate) o que simplemente no sepas cómo derretirlo. Para fundirlo, en primer lugar, necesitas un tazón de plástico (resistente al microondas) bien seco; es importante que no esté húmedo, ya que el agua y el chocolate no combinan bien (foto 1).

remuévelo otra vez. Repite la operación cada 30 segundos hasta que esté completamente derretido. Para removerlo, emplea una miserable de plástico, ya que el metal hace que el chocolate pierda su brillo natural (foto 2).

Asimismo, el microondas siempre debe estar en la función de descongelado, ya que con más temperatura el chocolate se quemaría y quedaría inservible para cualquier preparación. Una vez esté fundido, ya está listo para utilizar. Si no tienes un microondas, también puedes derretirlo de una manera más rudimentaria y aparatosa, pero igual de eficaz. Pon en el fuego un cazo con agua y encima un tazón de vidrio con el chocolate y remuévelo poco a poco. Con este método no existe ningún peligro de que el chocolate se queme, ya que el agua como máximo alcanza 100 °C.

Introduce el chocolate en el microondas y activa la función de descongelado durante 30 segundos. Sácalo, remuévelo para que se derrita de manera homogénea por todos los lados, métalo de nuevo en el microondas y

Truco para infusionar leche para postres

Un truco para potenciar los postres consiste en infusionar correctamente la leche (o crema) que se emplea para elaborar dulces. Para ello, en primer lugar, lleva a ebullición la leche en un cazo, junto con la piel de naranja (sin la membrana blanca), la piel de limón (también sin la membrana blanca), una rama de canela y una vaina de vainilla natural raspada (ábrela por la mitad a lo largo y raspa las semillas con la ayuda de un cuchillo) [foto 1].

el cazo del fuego. Tapa la parte superior del recipiente con plástico autoadherible para evitar que se escape alguno de los aromas volátiles que desprende la infusión (foto 2). Deja que repose durante 2 horas a temperatura ambiente y consérvala en el refrigerador 24 horas. Al día siguiente ya tendrás lista la leche o la crema para tus postres.

Esta preparación queda ideal en los flanes, el arroz con leche, la crema inglesa o los budines, y también te permite sacar el máximo partido a las especias. Es recomendable preparar esta leche el día anterior; el resultado merece la pena.

Cuando comience a hervir, retira el recipiente del fuego y deja que repose 5 minutos. Lleva de nuevo a ebullición por segunda vez y retira

Truco para hacer mousse de chocolate

En repostería, hay un gran número de recetas de mousse de muchos sabores, pero no todas explican con claridad cómo elaborarla. Con

estos pequeños trucos, siempre tendrás una mousse esponjosa y aireada. Para preparar una mousse de chocolate (foto 1), lo primero que

problemático es incorporar todos los ingredientes. En este sentido, el chocolate y la grenetina tienen que mezclarse poco a poco y de abajo arriba con la ayuda de una cuchara (nunca con un batidor globo), y hay que proceder con mucho cuidado para que la crema no pierda volumen (foto 3). También es importante que la mousse repose en el refrigerador como mínimo 4 horas (foto 4).

debes tener en cuenta es que el chocolate tiene que ser de una calidad aceptable, ya que no con todos los chocolates se puede preparar mousse. Por otro lado, también es importante semimontar la crema. Ésta estará casi lista cuando las aspas de la batidora empiecen a dibujar en la crema. Además, la mousse estará preparada cuando duplique su volumen.

Para que se mantenga, debes emplear láminas de grenetina [foto 2], ya que ayudan a que, una vez fría, la mousse siga conservando una textura esponjosa.

Además, el chocolate debe derretirse de manera adecuada para poder mezclarlo (si tuviera algún grumo no se extendería correctamente) y, por último, lo más

Mousse de **chocolate** con leche con bizcocho de yogur

2h

4 personas

Para la mousse de chocolate con leche

- 500 ml de crema para batir
- 2 láminas de grenetina
- 300 g de chocolate con leche

1. Derrite el chocolate a baño María o en el microondas con mucho cuidado para que no se queme.
2. Calienta 100 ml de crema y añade la grenetina previamente hidratada en agua.
3. Semimonta los 400 ml de crema restante. Cuando esté lista, agrega la mezcla de chocolate, crema y grenetina con mucho cuidado, de abajo arriba, incorporando todo muy bien. Deja que se enfríe en refrigeración durante 4 horas.

Para el bizcocho de yogur

- 1 yogur
- 300 g de harina
- 200 g de azúcar
- 6 gramos de polvo para hornear
- 100 ml de aceite de oliva
- la ralladura de 1 limón
- 3 huevos

4. Bate enérgicamente los huevos en un tazón hasta que doblen su volumen.
5. Añade el yogur y el aceite y sigue batiendo. Incorpora la ralladura de limón (solo la parte verde, no la blanca) y resérvalo.

6. Tamiza la harina con el polvo para hornear y mézclalo con la preparación anterior.
7. Viértelo en un molde untado con mantequilla y hornea a 180 °C durante 35 minutos.
8. Desmolda el bizcocho y córtalo en raciones.

Montaje
9. Coloca en un plato una base de bizcocho de yogur y pon encima la mousse de chocolate con leche. Corona con unos cuantos granos de sal y un chorrito de aceite de oliva. Puedes decorar con fruta y figuras de chocolate

Truco para derretir chocolate

Al derretir chocolate se corre el riesgo de que este se queme y no se pueda comer. Para evitarlo, en este libro se explican las opciones que ofrece el microondas en la función de descongelado. Sin embargo, en este truco se explica cómo derretir chocolate de la manera tradicional y de un modo muy seguro. Pon un cazo con agua en el fuego, y, en otro tazón más grande, introduce el chocolate que desees derretir. Coloca el tazón con chocolate sobre el cazo con agua para que se derrita a baño María. Remueve continuamente el chocolate hasta que se derrita por completo. No dejes que entre agua en el chocolate, ya que se estropearía y tampoco debe alcanzar una temperatura muy alta.

Truco para glasear un pastel con chocolate

Una de las cosas más difíciles a la hora de terminar un pastel es el glaseado final. Sin embargo, con este sencillo truco, podrás preparar en un momento un glaseado perfecto para degustar.

Introduce el bizcocho en el congelador durante un buen rato, sin dejar que se congele del todo, pues solo deseas que la superficie exterior esté bien fría para que el glaseado se solidifique y quede brillante. Después, para hacer el glaseado, necesitarás chocolate, mantequilla y láminas de grenetina. Introduce la mantequilla y el chocolate en el microondas para que se derritan y después agrega las láminas previamente hidratadas. Extiende el chocolate sobre el bizcocho bien frío y deja que repose 20 minutos en el refrigerador.

Truco para sustituir un rodillo

En pastelería, para elaborar un gran número de recetas se precisa un rodillo de cocina, que resulta muy útil, ya que permite trabajar a la perfección las masas y bases. Pero no siempre se tiene uno a la mano, pues es un utensilio que ocupa su espacio en la cocina.

Con este truco, sabrás con qué utensilio lo puedes sustituir. Usa cualquier botella vacía de vidrio; te permitirá trabajar la masa como si de un rodillo se tratara.

Truco para equilibrar la acidez del chocolate blanco

Cuando se preparan postres con chocolate blanco, es frecuente encontrarse con el problema de la acidez. Con este truco aprenderás cómo contrarrestarla.

Para ello, se va a partir de una sopa de chocolate blanco, que precisará la misma cantidad de crema que de chocolate. Calienta la crema hasta que alcance el punto de ebullición y, a continuación, separa el recipiente del fuego. Incorpora el chocolate blanco y, con la ayuda de un batidor globo o una miserable, remueve continuamente durante unos minutos para que ambos ingredientes se mezclen bien (foto 1). En esta receta hay que tener en cuenta la acidez del chocolate.

El truco consiste en que, una vez que se enfríe la preparación, debes agregar cucharadas de yogur natural (no azucarado) a la mezcla, en una proporción de 125 g de yogur por cada litro de mezcla de chocolate y crema

(fotos 2 y 3). Con ello conseguirás que la acidez desaparezca al instante, al mismo tiempo que lograrás dar un toque cremoso al postre. Por lo general, los chocolates blancos son procesados y se elaboran con chocolate, leche y manteca, de ahí que sean tan ácidos, un problema que no existe con una cobertura de chocolate negro.

Truco para obtener harina de chocolate

A la hora de preparar un postre que contenga chocolate, es fácil advertir que quedaría mejor si este estuviera más presente en la receta. Con este truco, potenciarás el sabor a chocolate en todos tus postres. Para ello, compra o prepara galletas de chocolate (las tipo Oreo® son perfectas) y tritúralas muy bien en un procesador de alimentos, hasta que obtengas una especie de harina de chocolate, que será perfecta para sustituir la harina tradicional, con lo que tus postres tendrán un intenso sabor a chocolate.

Truco para sustituir el almíbar

En casi todas las preparaciones de pastelería se suele emplear un poco de almíbar para las bases o simplemente para humedecer los bizcochos, aunque también es fácil encontrarlo en un gran número de productos cotidianos que se usan todos los días.

Si no te apetece preparar un almíbar (con azúcar y agua), puedes emplear el líquido que contienen las latas de duraznos, piña o cerezas, o incluso mermeladas. Este almíbar ya preparado también funciona bien si no se quiere elaborar uno casero o se tiene prisa.

Truco para asar manzanas exprés

Las manzanas asadas (foto 1) son uno de los postres más frecuentes en las casas y también en los restaurantes por lo fácil que resulta prepararlas. Normalmente se suelen hornear, pero con este truco las podrás asar en el microondas. Para ello, en primer lugar, retira el corazón de la manzana con la ayuda de un descorazonador (foto 2). A continuación, colócalas en un plato o bandeja aptos para el microondas y rellena el interior con azúcar y un chorrito de anís (fotos 3 y 4). Tápalas con plástico autoadherible e introdúcelas en el microondas durante 10 minutos a temperatura media (foto 5). Cuando las saques, estarán blandas y jugosas. El jugo que queda sobre el plato será un almíbar riquísimo para aderezar la manzana.

Se puede servir entera o bien licuarla con la piel (de este modo se conserva la pectina de la manzana) para preparar una compota de manzana deliciosa para coronar los postres o incluso un *foie* a la plancha. Estas manzanas se pueden consumir un día después de haberlas preparado, ya que se pueden degustar tanto calientes como frías. También se pueden aderezar con muchísimas preparaciones, como con crema de vainilla (tipo pastelera), crema montada o incluso caramelo.

Manzana asada con mousse de chocolate

Para la manzana asada
- 2 manzanas
- 60 g de azúcar
- 2 cucharadas de licor de anís

1. Cuece las manzanas como se ha explicado en el truco anterior, procurando que queden muy tiernas. Como se trata de un postre, es conveniente que la manzana sea amarilla, ya que esta variedad es más dulce. Si quisiéramos elaborar otra clase de receta, la ideal sería una manzana más ácida.

Para la mousse de chocolate
- 2 láminas de grenetina
- 300 g de chocolate blanco
- 500 ml de crema para batir

2. Hidrata la grenetina en agua.
3. Semimonta la crema con la ayuda de una batidora y resérvala.
4. Funde el chocolate en el microondas con mucho cuidado para que no se queme.
5. Reserva 100 ml de la crema para calentarla y añadir la grenetina, y, a continuación, agrega esta mezcla de crema y grenetina al chocolate. Una vez esté todo bien incorporado en el chocolate, agrégalo poco a poco a la crema semimontada, removiendo siempre de abajo arriba, y deja que repose en refrigeración durante al menos 4 horas. Una vez transcurrido este tiempo ya estará lista para comer.

Montaje

6. Coloca la manzana asada en el centro del plato y ábrela por la mitad. Coloca unas bolas de mousse de chocolate en su interior.

7. Acompaña el plato con unas galletas María® y unas hojas de menta. También puedes poner unas porciones de fruta fresca: fresas, uvas o las que más te gusten, cortadas, por ejemplo, en forma de dado o en triángulos.

Truco para hacer salsa de frutas exprés

Las salsas de frutas que se venden en las tiendas suelen tener un coste muy elevado, pero puedes ahorrar dinero si las preparas tú mismo en casa de una manera muy sencilla. Para ello, compra fruta en almíbar (duraznos, piña, cerezas, pera, etc.), ponla en un tazón y licúalas con la batidora de inmersión durante unos minutos hasta que obtengas una salsa fina (foto 1). Pásala por un colador para evitar las semillas o los posibles grumos de la fruta y obtendrás una salsa lista para usar en tus postres o para decorarlos de una manera divertida (fotos 2 y 3).

Si no te satisface la fruta en almíbar, también puedes elaborarla tú mismo. Para ello, pon en un cazo 1/2 taza de azúcar por cada taza de agua y deja que la fruta pelada se cueza durante unos minutos hasta que adquiera la textura deseada. Después, deja que repose durante unas horas. Transcurrido este tiempo, licúala tal y como ya se ha explicado. Estas salsas también se suelen denominar coulis.

Atrévete a preparar coulis con tus frutas preferidas: zarzamoras, fresas, frambuesas, moras, arándanos, chabacanos, ciruelas, kiwis, aguacates, plátanos, mangos, duraznos, naranjas... También puedes añadir un vino dulce en el momento de la cocción, conseguirás realzar el sabor del coulis. Utilízalo para acompañar nieves, helados, pasteles, tartas...

Truco para hacer sopa de fresas

Si tienes muchas fresas maduras, una forma de consumirlas es preparar una deliciosa sopa de fresas, que también pueden sustituirse por otro tipo de frutos rojos.

En primer lugar, macera las fresas con azúcar y un chorrito de vinagre. Con ello conseguirás que las fresas liberen toda su agua, y que al mezclarse con el azúcar formen un almíbar natural. En ese momento, ponlas en un cazo y cuécelas a baño María (fotos 1-4). Con el calor, las fresas empezarán a crear una sopa y a perder su textura, y llegará un momento que se desharán por completo.

Desde el momento en que se ponen en el fuego, no hay que dejar de remover. Retira el recipiente del fuego y licúa las fresas con una licuadora. Después, pásalas por un colador fino para evitar que en la sopa quede cualquier semilla de fresa. Reserva la sopa en refrigeración.

También tienes la opción de no licuarla para encontrar tropezones de fruta, una textura más adecuada para ciertos postres.

Sopa de **fresas** con **helado** de **queso**

1h 25'

2 personas

$$$

Para la sopa de fresas

- 200 g de fresas
- 100 g de azúcar
- 30 ml de vinagre de vino

1. Macera las fresas durante 1 hora con el resto de ingredientes. Ponlos a baño María y, sin dejar de remover, espera a que se deshagan las fresas casi por completo.

2. Retira el recipiente del fuego y licúa las fresas. A continuación, pásalas por un colador fino y resérvalas en el refrigerador.

Para el helado de queso

- 200 g de queso crema
- 100 g de crema

3. Congela el queso y la crema. Sácalos 10 minutos antes de utilizarlos y licúalos con la ayuda de una licuadora o un procesador de alimentos. Cuando la textura comience a ser cremosa, resérvalo para ponerlo en la sopa.

Montaje

4. Pon en el fondo del plato una base de sopa de fresas y coloca encima una bola de helado de queso. Decora con algún fruto seco y unas galletas para darle un toque crujiente.

Truco para hacer helados de yogur para niños

Para el verano hay una forma muy fácil y sana de preparar helados caseros para los niños. En primer lugar, mezcla yogur natural con la fruta que desees y licúalo. Añade un poco de azúcar al gusto e introduce la mezcla en el envase del yogur. Métalo en el congelador y, cuando empiece a congelarse, coloca un palo de madera en la parte central y deja que se congele del todo. Después, tápalo con plástico autoadherible y estará listo para comer.

Truco para garapiñar frutos secos

El arte de garapiñar requiere mucha técnica, pero hay muchos pequeños trucos fáciles de realizar para que sea un éxito. Lo primero que debes hacer es conseguir frutos secos frescos, que no hayan pasado por ningún proceso de fritura o salado. Asimismo, es conveniente dejar la piel marrón que recubre el fruto, ya que actuará como un escudo protector. Cuando un garapiñado se ha elaborado de la manera correcta, está crujiente por fuera y tierno por dentro. Para ello, usa azúcar y triplica la cantidad de agua.

Pon el azúcar y el agua en el fuego en un cazo y cuando comience a hervir (la temperatura exacta es 118 °C), retira el recipiente del fuego y añade los frutos secos (foto 1). Remueve bien para que el almíbar los recubra y vuelve a poner el recipiente en el fuego hasta que el caramelo empiece a dorarse.

En ese momento, extiende los frutos secos garapiñados en una charola para horno, que previamente habrás forrado con papel antiadherente y sepáralos con cuidado para que no se unan (foto 2). Deja que se enfríen y ya estarán listos.

Normalmente si no se realiza bien el primer paso, el azúcar suele escarcharse, con lo que no llega a obtenerse el caramelo, de modo que merece la pena dedicar especial interés al inicio de la elaboración.

Truco para hacer croquetas dulces

Uno de los bocados más deliciosos de la gastronomía española son las croquetas, aunque hay que destacar que la mayoría suelen ser saladas. Con este pequeño truco conseguirás unas croquetas dulces deliciosas e ideales para los postres. Para ello, necesitarás un queso neutro untable (tipo Filadelfia). Mézclalo bien con otra base, por ejemplo, galletas del tipo María® trituradas, y con un licor (los de café o avellana son ideales). Una vez hayas incorporado todo, forma las croquetas, deja que se enfríen en refrigeración y pásalas por una base de cocoa o un bizcocho triturado (como si se tratara de pan rallado). Así, estarán listas para comer y para combinarlas con las salsas que más te gusten.

Truco para caramelizar frutas

Con este truco, aprenderás a caramelizar fruta con facilidad, para emplearla de diversos modos en tus postres.

En primer lugar, pela bien la fruta y después córtala en láminas o trocéala, dependiendo de la receta que vayas a preparar. En la foto 1, se muestra fruta cortada muy fina, en este caso para acompañar a una salsa de frutas. A continuación, espolvorea abundantemente la fruta con azúcar refinada y, con la ayuda de un soplete casero, caramelízala con cuidado para que no se queme, como se puede observar en la foto 2. Este truco es muy útil, por ejemplo, para caramelizar con facilidad una tarta de manzana o una crème brûée.

Si no tienes un soplete casero, también puedes emplear el grill del horno, en caso de que cuentes con uno. En este caso, coloca un trozo de papel antiadherente en la charola para hornear, precalienta el horno a 200 °C y pon la charola en la parte superior del horno, vigilándola continuamente para que no se queme. Asimismo, puedes caramelizar de una forma un poco más rudimentaria, aunque igual de efectiva: con una plancha de hierro forjado.

Se trata de una especie de plancha que se calienta en el fuego y que se pone, con mucho cuidado, sobre el azúcar, para que este se vaya caramelizando.

Truco para aprovechar los plátanos maduros

Muchas veces, los plátanos que se suelen comprar en muy poco tiempo toman un punto negruzco que resulta muy poco apetecible a la vista. En este caso, conviene saber que los plátanos no están pasados y se pueden aprovechar. Para ello, lo mejor es cocinarlos con una deliciosa salsa de naranja y mantequilla, lo que permite degustarlos como postre, al mismo tiempo que ese color tan poco apetecible se convierte en otro mucho más agradable (foto 1).

1. Pela los plátanos y resérvalos.
2. En una cacerola, pon una cucharada de mantequilla y añade los plátanos. Saltéalos durante 3 minutos y retíralos de la cacerola. En la mantequilla, agrega una cucharada generosa de azúcar y deja que se caramelice. A continuación, vierte un vaso de jugo de naranja y deja que reduzca. Incorpora medio vaso de brandy y, después, flamea con mucho cuidado.

3. Introduce de nuevo los plátanos en la crema y deja que cuezan unos 4 minutos. Al mismo tiempo, añade cucharadas de la mezcla por encima del plátano para que quede regado por todos los lados por igual (foto 2). Finalizado este tiempo, estará listo para servir y degustar (foto 3).

Truco para hacer requesón casero

Con este truco y con muy pocos ingredientes, puedes preparar un requesón casero delicioso y con infinidad de posibilidades dentro del mundo dulce, pero también del salado. Para hacer este requesón, necesitarás crema líquida (con un alto porcentaje en grasa), leche entera, sal, pimienta y jugo de limón amarillo o verde (foto 1).

En primer lugar, lleva a ebullición la crema con la leche (foto 2). Cuando comience a hervir, vierte el jugo del limón para cortar la leche y la crema (foto 3). A continuación, lleva la preparación a ebullición por segunda vez y deja que repose en refrigeración durante 24 horas. Transcurrido este tiempo, cuela la mezcla con la ayuda de una manta de cielo, con el fin de que el suero se separe y solo quede el requesón en el trapo (foto 4). Tras escurrir bien todo, tendrás una cantidad generosa de requesón casero. Salpiméntalo o añade unas cuantas hierbas aromáticas, como albahaca o menta.

Este requesón servirá como base para preparar nuestra propia mousse o para degustarlo directamente en una ensalada o un pan tostado con miel.

Mousse de requesón casero con miel

4 personas

Para la mousse de requesón

- 500 ml de crema para batir
- 1 vaina de vainilla
- 90 g de azúcar
- 2 láminas de grenetina
- 200 g de requesón casero

1. Semimonta 350 ml de crema con la ayuda de una batidora. Resérvala.
2. Infusiona el resto de la crema con la vaina de vainilla y el azúcar, e introduce las láminas de grenetina previamente hidratadas.
3. Mézclalo con el requesón y deja que se temple. Añade esta preparación a la crema semimontada removiendo con cuidado y resérvala en refrigeración durante 4 horas.

Para la miel

- 100 ml de agua
- 100 ml de azúcar
- 200 ml de miel

4. Prepara un almíbar con el agua y el azúcar; para ello, cuécelos, y cuando el agua se reduzca un tercio, separa el recipiente del fuego.
5. Agrega la miel al almíbar y elabora la salsa de miel, que podrás aromatizar con un poco de canela en rama.

Montaje

6. Pon en el fondo del plato la salsa de miel y encima coloca la mousse de requesón. Corta unos dados de ate de membrillo y distribúyelos alrededor del plato para acompañar a la mousse. Decora con una hoja fresca de menta y con flores comestibles.

Truco para sustituir una manga pastelera

Las mangas pasteleras son muy comunes en la pastelería doméstica; de hecho, ya las venden en distintos formatos: desechables (de plástico) o reutilizables (de tela). Pero si no dispones de una, emplea una bolsa de plástico un poco más resistente que las que se usan en la compra.

Pon la preparación que desees aplicar en su interior y haz un nudo en la parte posterior y un pequeño corte en alguna de las esquinas, del tamaño que sea necesario. Cumplirá el mismo cometido que una verdadera manga pastelera, sin haber tenido que adquirir otro utensilio de cocina.

Truco para hacer una nieve de vinagre balsámico

Con este truco o receta es muy fácil preparar una nieve con sabor a vinagre balsámico, que, además, es muy digestivo y refrescante. En primer lugar, pon la misma cantidad de helado de vainilla y de nieve de limón en una licuadora. Licúalo y añade vinagre

balsámico al gusto, hasta conseguir una textura de nieve. También se puede agregar unas gotas de leche para suavizar el sabor. Esta nieve se puede conservar en el congelador y sacarla justo cuando se vaya a servir.

Truco para hacer toffee

Una de las salsas por excelencia en repostería es el *toffee*, una salsa que se elabora a base de caramelo y leche (o crema). Es muy fácil de preparar, ya que sus ingredientes son caramelo y crema líquida, en una proporción de 1 a 1 (por ejemplo, puedes preparar *toffee* con 200 g de azúcar para el caramelo y 200 g de crema). Prepara un caramelo dorado; para ello,

pon azúcar en un cazo y deja que se dore poco a poco a fuego bajo. Una vez hayas obtenido el color deseado, cuece la crema líquida con el caramelo (foto 1), y no dejes de remover para obtener una buena salsa con una textura homogénea. Debes tener presente que cuando cuezas la crema subirá y que tendrás que tener cuidado para no quemarte. Para que la salsa quede espesa, es importante dejar que la crema reduzca como mínimo a la mitad. Es importante destacar que cuando esta salsa se enfríe también se espesará (foto 2). Para dejarla enfriar, cubre el recipiente con plástico autoadherible para que no se forme una película gruesa en la parte superior.

Otro pequeño truco para darle brillo es añadir al final de la cocción una nuez o 1 cucharada de mantequilla a punto de pomada (ablandada). Esta salsa, además de ser muy sencilla, también se conserva alrededor de 1 mes en el refrigerador sin que se eche a perder ni se altere su sabor.

Truco para fermentar pan sin levadura

Una de las formas más naturales y fáciles de fermentar pan sin levadura es usando una masa madre. Esta se puede emplear junto al resto de ingredientes para elaborar el pan. Hay un gran número de recetas y libros maravillosos donde se explica cómo utilizar esta masa para hacer pan.
A continuación se comenta cómo se puede elaborar esta masa. En primer lugar, mezcla unos 40 g de harina y 55 g de agua y déjala a temperatura ambiente alrededor de 6 días.

Es frecuente que esta preparación, como tiene que fermentar y dar lugar a la masa madre, tenga mal aspecto; es normal. Ve retirando la parte superior, que burbujeará. Una vez tengas la masa madre, podrás conservarla en el refrigerador y usarla. Sin embargo, antes de emplearla es interesante atemperarla.
Hay bastantes recetas de pan que no usan levadura fresca o de sobre, pero sí gasificantes como la cerveza para ayudar a que fermente. La manera más tradicional de

elaborar pan es con masa madre, aunque con otros tipos también se puede obtener un pan de calidad. En las tiendas especializadas se comercializan los llamados gasificantes litines, que constan de dos sobres, uno de color blanco (ácido málico y ácido tartárico) y otro violeta (bicarbonato sódico), que juntos forman una reacción que sustituye a la levadura. Aunque el pan no suele salir tan esponjoso, también es útil.

Para este tipo de panes, puedes usar harinas de calidad, con lo que te aseguras que salgan panes sabrosos. También puedes probar con harinas integrales para conseguir un toque especial. Véanse fotos 1-4 y la receta de la página siguiente.

Pan de **aceitunas negras**

4
personas

Para el pan de aceitunas negras

- 300 g de harina
- 150 ml de leche
- 150 g de agua
- 1 chorro de aceite de oliva
- 30 g de puré de aceitunas negras
- 1 sobre doble de litines (se puede sustituir por 3 gramos de bicarbonato de sodio + 2 gramos de cremor tártaro)
- sal

1. Mezcla todos los ingredientes y amásalos con la ayuda de una batidora. También puedes emplear las manos y el resultado será el mismo.

2. Haz una bola con la masa y tápala con un trapo húmedo.

3. Transcurridos unos 20 minutos, dale forma al pan (la que desees: alargada, redonda, en forma de barra) y hornéalo a 175 °C durante 35 minutos, aproximadamente. Para obtener un pan sabroso, puedes poner un recipiente con agua en la parte inferior del horno, ya que generará un vapor que le irá muy bien al pan. Además, en lugar de usar aceitunas negras, también puedes utilizar otros ingredientes, como cebolla, queso, tocino, etc.

Otros trucos

Truco para que el agua para cocer pasta hierva antes

Antes de cocer la pasta, se suele llevar el agua a ebullición. Para poder reducir este tiempo considerablemente, no añadas nada al agua y tapa la cacerola.

Normalmente tenemos la costumbre de añadir aceite y sal al agua antes de que comience a hervir, pero estos dos ingredientes retrasan el tiempo de ebullición del agua.

Truco para saber si un espagueti está cocido

Por lo general, para saber si la pasta está bien cocida, se suele sacar un trozo del agua hirviendo para probarla. Sin embargo, existe un truco mucho más fácil y divertido para saber si está a punto. Cada pasta tiene su tiempo de cocción debido a su composición o a su grosor, de modo que el tiempo no suele ser un buen indicador. El truco consiste en lanzar un espagueti contra la pared cuando creas que está lista. Si está cocido, se quedará pegado a la pared sin moverse; si, por el contrario, el espagueti se cae, indicará que todavía hay que cocer la pasta un poco más.

Truco para cerrar una empanada

Hacer empanadas suele ser una tarea aparentemente bastante fácil: la masa se vende ya hecha y solo tienes que preparar el relleno que más te guste. Pero el verdadero problema es cerrarlas antes de hornearlas o freírlas. Para ello, ayúdate de un tenedor. Una vez estén dobladas, presiónalas con los dientes de un tenedor hasta que una parte de la masa quede unida a la otra parte. De este modo, las sellarás por completo. También puedes pincelarlas con un poco de huevo batido, que ayudará a su sellado al mismo tiempo que les conferirá brillo.

Truco para obtener un arroz de color verde

Para que un arroz de verduras adquiera una tonalidad verde, simplemente tienes que hacer que el caldo de cocción sea de color verde; para ello, licúa el caldo de pollo que usarás para el arroz con bastantes hojas verdes (perejil o espinacas) para que suelten su clorofila. Cuela a través de una manta de cielo el caldo y empléalo como usualmente.

Truco para colar un caldo

Es frecuente que en un caldo casero queden impurezas. Esto se debe a que muchas veces solo suele pasarse por un colador chino o un colador casero. Para que el caldo quede muy claro, simplemente coloca una manta de cielo o una servilleta limpia y húmeda (bajo el grifo) sobre el colador (ya sea fino o chino). Así evitarás que pasen al caldo pequeñas partículas que hacen que este no tenga un aspecto apetecible.

Truco para hacer una bechamel

La bechamel es una de las salsas más empleadas en la cocina, ya que es muy versátil. Muchas veces esta salsa se prepara a ojo, sin medidas, y nunca sale igual. Asimismo, se suele dudar sobre si la leche debe añadirse caliente o bien fría. Con este truco, lograrás que esta salsa quede siempre igual. Para ello, emplea la misma cantidad de mantequilla que de harina. Derrite la mantequilla y, a continuación, añade la harina. Deja que se tueste bien para que la bechamel no sepa a harina. Después, incorpora la leche (o fría o caliente, es indiferente). Si está caliente, prepararás la bechamel con más rapidez, y si está fría, tardará un poco más. Remueve continuamente hasta que esté lista, agrega sal y la tendrás lista para usar. La cantidad de leche dependerá de lo espesa que te guste la bechamel (a más cantidad de leche, más ligera quedará).

Truco para deglasar una salsa

En ocasiones, los jugos de un asado o un salteado se quedan pegados a la cazuela o el sartén. Para aprovechar todos estos jugos, solo tienes que desprenderlos. Para ello, pica una cebolla muy fina y, cuando acabes de saltear la carne, los langostinos, los calamares, etc., retíralos del sartén y agrega la cebolla picada. Deja que se acitrone unos instantes e incorpora un vaso de vino blanco. El fondo de la cacerola será arrastrado por la cebolla y el vino. Deja que cueza unos instantes y añade esta mezcla al salteado.

Truco para saber cuándo está caliente el aceite

Para saber si el aceite está suficientemente caliente para freír, hay varios trucos. El primero de ellos consiste en fijarse en si el aceite humea; si es así, puedes comenzar a freír. Con el segundo truco, tendrás que mojarte un poco los dedos y salpicar una pequeñísima gota de agua sobre el aceite (tan solo una, ya que, de lo contrario, saltaría el aceite). Si el agua, en contacto con el aceite, chisporrotea, indicará que el aceite está listo.

Truco para limpiar el caramelo que ha quedado pegado en la cacerola

Al preparar caramelo en casa, lo que más pereza da es tener que limpiar el cazo con el caramelo que ha quedado pegado. Con este truco lo limpiarás en un momento de una manera muy fácil. Llena de agua el cazo y vuélvelo a poner en el fuego; deja que cueza durante unos minutos hasta que el caramelo se disuelva por completo en el agua. Límpialo y tendrás un cazo limpio y reluciente.

Truco para limpiar una plancha y que quede brillante

En muchas ocasiones, si usas mucho una plancha, es frecuente ver cómo va quedando más oscura, e incluso muchas veces se puede oxidar. Para ello, cuando la plancha esté bien caliente, frótala bien con agua, jabón y una esponja y, cuando esté lista, añade un buen chorro de vinagre para que brille. Observarás cómo, cuando la emplees, los alimentos no se pegan a la plancha.

Cómo recuperar un sartén en el que se pega cualquier alimento

Una de las cosas más molestas en cocina es cuando en un sartén se pegan los alimentos. Este hecho se debe a su desgaste o bien a su mal uso. Sin embargo, aún es posible recuperar el sartén. Para ello, pon un puñado generoso de sal en el sartén y colócalo a fuego máximo durante alrededor de unos 5 minutos. Transcurrido este tiempo, desecha la sal y frota el sartén con un papel para eliminar cualquier resto de sal. De este modo, lo tendrás listo para el siguiente uso.

Truco para mantener siempre los cuchillos afilados

Con estos pequeños trucos conservarás siempre tus cuchillos afilados como el primer día. Nunca cortes el pan con el cuchillo que sueles emplear de manera habitual; usa un cuchillo específico para el pan, ya que de lo contrario desafilarás el cuchillo. Asimismo, evita cortar cítricos con tu cuchillo, pues hacen que pierdan el filo. Es importante saber que un cambio de temperatura hace que se destemple el filo, motivo por el cual los cuchillos nunca deben lavarse en el lavavajillas. Por último, antes de cada uso, es conveniente pasarlo por una chaira (utensilio para afilar), con movimientos a ambos lados y de abajo arriba.

Truco para transportar cuchillos afilados

Este pequeño truco te permitirá transportar tus cuchillos sin miedo a que nadie se corte. Clava en la punta del cuchillo un trozo de corcho de alguna botella de vino, envuélvelo con plástico autoadherible y evitarás cortarte con el filo. Aunque existen unas fundas especiales o mantas de cuchillos para transportarlos, este método casero resulta muy útil.

Truco para que brillen los platos de color blanco

Por lo general, los platos blancos no suelen estar del todo relucientes, a pesar de haberlos acabado de lavar. Esto se debe a la cal o a la grasa, que muchas veces se acumula en los platos y que es difícil de eliminar. Para que queden bien limpios, unta un trapo seco con ginebra (se puede sustituir por alcohol) y frota los platos enérgicamente. El resultado será inmediato.

Truco para que no se oxiden los utensilios de cocina

Cuando trabajas con utensilios de aluminio o de algún otro material que no sea inoxidable, corres el riesgo de que se oxiden. Para evitarlo, intenta que después de lavarlos no quede ningún resto de agua. Así, debes secarlos a conciencia, e incluso untarlos con un poco de aceite de oliva con la ayuda de un papel. Gracias a ello, el utensilio no se oxidará, pero si no lo vas a usar en mucho tiempo, antes de emplearlo de nuevo tendrás que volver a lavarlo, ya que el aceite probablemente estará rancio y podría alterar el sabor de los alimentos.

Truco para disponer de moldes muy económicos

La mejor manera de obtener unos moldes para pastelería a un precio realmente bajo es reciclar las latas de conserva (elote, zanahoria, sardinas, jitomate, etc.), de diferentes tamaños, para las distintas preparaciones (magdalenas, bizcochos). Para ello, primero revísalas bien para que no tengan ningún golpe, pues eso afectaría a que el postre quedara regular, lávalas a conciencia y retira la etiqueta exterior. Después, forra la lata con papel antiadherente y la tendrás lista para su uso.

Truco para hacer la lista de la compra

Hacer la lista de la compra a veces es un verdadero dolor de cabeza, pero con este truco te será muy fácil elaborarla sin que se te olvide nada; asimismo, seguro que ahorrarás algo de dinero al no comprar productos que no vas a necesitar de inmediato. Para ello, agrupa los productos por familias. Primero, compra aquellos que tengan más peso, para colocarlos en el fondo del carro, como las bebidas (leche, refrescos, agua). Después, adquiere los productos de las distintas familias (verduras y frutas, lácteos, pescados, carnes). Así será difícil que te olvides de algo y ahorrarás mucho tiempo y dinero a la hora de comprar.

Truco para que un horno convencional genere vapor

Muchas veces, y sobre todo cuando se cocina pescados al horno, se corre el riesgo de que queden secos. En los hornos más modernos ya existe la función del vapor mediante un depósito de agua que se añade al horno. Sin embargo, en los convencionales, la forma más fácil de generar vapor o humedad en el interior del horno consiste en colocar una bandeja apta para horno llena de agua en la parte más baja del horno. Con esto se consigue que, cuando el agua empiece a hervir, el vapor se distribuya por su interior.

ablandar, 191
ablandar carne de ave, 191
aceite, 48, 49, 52, 64, 83, 116, 117, 120, 181, 216, 248, 250, 252
aceite de ajo, salteado de verduras con huevo pochado y, 64
aceite de albahaca, 48
aceite de perejil, 52
aceite de pimentón, 120
aceituna, 245
aceitunas negras, pan de, 245
acidez, 30, 227
aderezar, 34
adobar, 103, 160
adobar carne de cerdo, 160
adobar pescado, 103
adobo, 103
agua, 27, 28, 123, 214, 236, 243, 248
agua de mar, 98
agua de jitomate, 27, 28
agua de jitomate y orégano con bacalao confitado, 28
agua oxigenada, 166
aguacate, 70, 132
aguacate y piña con vinagreta de su coral, bogavante con tártara de 132
ajo, 45, 46, 47, 64
ajo, crema de, 45
ajo, salteado de verduras con huevo pochado y aceite de, 64
ajoblanco, 46, 209
ala, 180
albahaca, 48
albahaca, aceite de, 48
alcachofa, 57, 58
alcachofas en salsa verde, 58
alcohol, 252
alimentación, 14
alimento, 14, 15
alimento de temporada y de proximidad, 15
alioli, 84
alioli de curry, cucurucho de pescado frito con, 84
almeja, 88, 114, 130
almejas, cocochas de bacalao al pil-pil con arroz cremoso de, 114
almejas escabechadas, lomo de sierra con sopa de anís y azafrán con, 88
almendra, 46, 212
almendra, teja de, 212
almíbar, 206, 228, 229, 232, 233
almíbar, fruta en, 232
aluminio, papel, 36, 41, 91, 177
anís, 88, 228
anís estrella, 34
anís y azafrán con almejas escabechadas, lomo de sierra con sopa de, 88
anisaki, 118
apio, 35
aplanador, 127, 160
arenque, 87
aromatizar, 34, 48, 207, 214
aromatizar azúcar, 207
aromatizar calabaza de Castilla, 34
aromatizar crema pastelera, 214
arroz, 114, 249
arroz con leche, 222
arroz cremoso de almejas, cocochas de bacalao al pil-pil con, 114
asar, 185
asar pollo, 185

atún, 87, 108, 112, 117, 123
atún, tártara de, 117
atún en conserva, 123
ave, 136-191
ave, ablandar carne de, 191
ave, carne de, 191
azafrán, 88
azafrán con almejas escabechadas, lomo de sierra con sopa de anís y, 88
azúcar, 30, 40, 44, 194, 202, 203, 207, 214, 220, 228, 232, 233, 235, 236, 237, 238, 242
azúcar, aromatizar, 207
azúcar avainillado, 234
azúcar glass, 207, 208
azúcar isomalt, 212
azúcar refinada, 207, 237
bacalao, 28, 104, 112, 114
bacalao, desalar, 104
bacalao, hamburguesa de, 104
bacalao al pil-pil con arroz cremoso de almejas, cocochas de, 114
bacalao confitado, agua de jitomate y orégano con, 28
bandeja, 148
báscula, 23
base de tarta, 212
batidor globo, 17
BBQ, salsa, 158
bebida, 74
bechamel, 249
berberecho, 88, 114
berenjena, 37, 38
berenjenas gratinadas rellenas de carne boloñesa, 38
besugo a la sal con vinagreta aromatizada de jitomate, 110
bizcocho, 194, 196, 197, 198, 211, 218, 224
bizcocho, hornear, 198
bizcocho de chocolate con helado y fresas, 196
bizcocho de limón, helado de queso crema con frutos rojos y, 218
bizcocho de yogur, mousse de chocolate con leche con, 224
blanqueta, 57
blonda de papel, 208
bogavante, 130, 132, 134
bogavante con tártara de aguacate y piña con vinagreta de su coral, 132
bola de res, 139
boquerón, 87, 103
boquerón en vinagre, 103
brandy, 191, 238
brie, queso, 78
brocha de silicón, 21
brócoli, 61
budín, 209, 210, 215, 222
budín de pan perdido, 210
caballa, 87, 90
cabeza, 102, 128, 176
cabra, queso de, 78
cabrito, 148, 169, 170
cabrito asado con ensalada verde, 170
cacerola, 250
calabacita, 53, 54, 63
calabacita rellena de morcilla, 54
calabaza, aromatizar, 34
calabaza, lomo de salmón asado con verduras escabechadas y crema de, 100
calabaza, cola de res estofada al vino con migas integrales crujientes y puré de 146

calabaza de Castilla, 34, 100, 146
calamar, 122
calçot, 41, 42
calçots con salsa romesco, 42
caldo, 102, 149, 158, 159, 249
callo de hacha, 123, 124
callo de hacha y frutas, ceviche de, 124
calvados, 191
camarón, 32, 50, 126, 135
camarones al ajillo, papas a la gallega con, 32
camarones y mayonesa de soya, verduras en tempura con, 50
canela, 213, 214
canelón, 149, 150
canelones de ropa vieja gratinados con queso, 150
cangrejo, 134
capirotada, 209
caramelizar, 40, 237
caramelizar cebolla, 40
caramelizar fruta, 237
caramelo, 212, 214, 242, 250
carga para sifón, 23
carne, 136-191
carne, confitar, 166
carne, curar, 152
carne, desangrar, 148
carne, guisar, 152
carne, reblandecer, 160
carne, salar, 144
carne bien cocida, 168
carne boloñesa, berenjenas gratinadas rellenas de, 38
carne de ave, 191
carne de ave, ablandar, 191
carne de caza, marinar, 186
carne de cerdo, adobar, 160
carne roja, 144
carne roja, congelar, 144
carne tártara, 155, 156
carne término 3/4, 168
carne término medio, 168
carne término rojo, 168
carpaccio, 126
carpaccio de marisco, 126
caza, 186
cazo pequeño, 19
cazuela, 166, 169
cebolla, 40, 44, 46, 63, 123
cebolla, caramelizar, 40
cebolla, compota de, 44
cebolla morada, 44
cebollas cambray, lomo de rodaballo con jamón serrano y, 106
cebollín, 48
centro de bola, 155
cerdo, 139, 160, 162, 166, 174
cerdo, manitas de, 172, 174
cerdo a la plancha con salsa de vino y dados de papas adobadas, terrina de manitas de, 174
cerdo rellena con salsa de curry, escalopa de, 162
cereza, 228
cerveza, 243
ceviche, 118, 123, 124
ceviche de callo de hacha y frutas, 124
chaira, 17, 251
chambarete, 153
chile cuaresmeño relleno, 184
chip, 34
chips de papa, 34
chocolate, 196, 197, 221, 222, 224, 226, 227, 228, 230

chocolate, harina de, 228
chocolate, manzana asada con mousse de, 230
chocolate, mousse de, 222, 224
chocolate blanco, 227
chocolate con helado y fresas, bizcocho de, 196
chocolate con leche con bizcocho de yogur, mousse de, 224
cilantro, 123
cítrico, 251
clara, 216, 220
cocción, grado de, 168
cocción, punto de, 116
cocido, 149
cococha, 114
cocochas de bacalao al pil-pil con arroz cremoso de almejas, 114
codornices escabechadas con sus verduritas acompañadas de una ensalada de brotes, 182
codorniz, 181, 182, 186
codorniz, desplumar, 186
codorniz, escabechar, 181
cola de res, 144, 146
cola de res estofada al vino con migas integrales crujientes y puré de calabaza, 146
colador, 17, 129, 194, 207, 208, 232, 233
colador chino, 19
coliflor, 35, 61
compota, 44
compota de cebolla, 44
compota de manzana, 229
compra, lista de, 253
conejo, 148, 176
confitado, 166
confitar, 166
confitar carne, 166
congelado, 96
congelador, 27, 127, 235
congelar, 96, 118, 144, 180
congelar carne roja, 144
congelar pescado, 96
conserva, atún en, 123
conservar, 96
conservar pescado, 96
convoy de aceite y vinagre, 23
cordero, 148
cortador cuadrado, 17
cortador redondo, 17
costilla, 176
coulis, 232
crema, 45, 100, 202, 217, 222, 223, 227, 239, 242
crema, montar, 202
crema de ajo, 45
crema de calabaza, lomo de salmón asado con verduras escabechadas y, 100
crema de yuca con huevo y panceta, 72
crema inglesa, 222
crema pastelera, aromatizar, 214
crema pastelera y pera caramelizada, hojaldre con, 200
croqueta, 149, 236
crujiente de queso, 79
cubito de hielo, 74
cuchara, 199
cuchara para helado, 17
cuchara parisienne, 17
cuchillo, 17, 130, 251, 252
cuchillo de chef, 17
cuchillo de verduras, 17
cuchillo mondador, 17
cuchillos, estuche de, 17

cucurucho de pescado frito con alioli de curry, 84
curación, 152
curado, queso, 79
curar, 152
curar carne, 152
curry, 84, 162
curry, cucurucho de pescado frito con alioli de, 84
curry, escalopa de cerdo rellena con salsa de, 162
curry, salsa de, 162
cuscús vegetal, 61
deglasar, 250
deglasar salsa, 250
desalar, 104
desalar bacalao, 104
desangrar, 94, 148
desangrar carne, 148
desangrar pescado, 94
descongelar, 97
descongelar pescado, 97
descorazonador de manzanas, 23
deshuesar, 144, 172, 176
desplumar, 184, 186
desplumar codorniz, 186
desplumar pollo, 184
dorada, 108, 110
durazno, 228
empanada, 248
endivia, 62
enjambre, 213
ensalada, 34, 170, 182
entrecot, 138, 152
envasadora de sellado vacío, 44
escabechar, 116, 181
escabechar codorniz, 181
escabechar pescado, 116
escabeche, 181
escalopa, 162
escalopa de cerdo rellena con salsa de curry, 162
escama, 90, 98, 109
escama de sal, 144
espagueti, 248
espárrago, 60
espárrago blanco, 60
espátula, 17
espátula resistente al calor, 21
espesar, 158
espesar salsa, 158
espina, 97, 98, 102
espinaca, 60, 249
espumadera, 23
estofar, 153
eviscerar, 118
eviscerar pescado, 118
fibra, 161
filete, 142, 143, 155, 158, 165
filete de res, 158, 168
filete mignon al vino tinto, 165
filetear, 105
filetear rodaballo, 105
flan, 214, 215, 222
foie, 68, 190
foie, viruta de, 190
foie y yema de huevo curada, hongos salteados con virutas de, 68
fondo, 129
frambuesa, 188
frambuesa y manzana ácida, magret de pato con salsa de 188
freidora, 19
freír, 118
fresa, 196, 233, 234
fresas, bizcocho de chocolate con helado y, 196

fresas, sopa de, 233, 234
fresas con helado de queso, sopa de, 234
fritura de pescado, 82
fruta, 24-79, 124, 203, 216, 217, 232, 235, 237
fruta, caramelizar, 237
fruta en almíbar, 232
frutas, ceviche de callo de hacha y, 124
frutas, salsa de, 232
fruto rojo, 218, 233
fruto seco, 198, 236
frutos rojos y bizcocho de limón, helado de queso fresco con, 218
frutos secos, garapiñar, 236
fumet, 102
galleta, 206, 212, 215, 220, 237
garbanzo, 82, 199
garbanzo, harina de, 82
garapiñar, 236
garapiñar frutos secos, 236
gasificante, 243
gazpacho, 30, 209
ginebra, 191, 252
glaseado, 211, 226
glasear, 226
globo, batidor, 17
grado de cocción, 168
grasa, 138, 186
grenetina, 223, 226
grill, 237
guante protector de silicón, 21
guisar, 152, 153
guisar carne, 152
guiso, 149, 152, 158
hamburguesa, 104, 138, 140
hamburguesa de bacalao, 104
hamburguesa de ternera y trufa con salsa de queso, 140
harina, 48, 82, 158, 194, 215, 228, 243, 249
harina, tamizar, 194
harina de chocolate, 228
harina de garbanzo, 82
harina de maíz, 48
harina de trigo, 48
helado, 196, 216, 218, 234, 235, 242
helado, cuchara para, 17
helado de queso, sopa de fresas con, 234
helado de queso crema con frutos rojos y bizcocho de limón, 218
helado de vainilla, 242
helado de yogur, 235
helado y fresas, bizcocho de chocolate con, 196
hielo, 26, 47, 49, 52, 56, 60, 67, 74, 75, 94, 95, 97, 123, 129, 148, 172, 202
hielo, cubito de, 74
hígado, 154
hojaldre, 199, 200, 206
hojaldre con crema pastelera y pera caramelizada, 200
hojuelas de maíz, 213
hongos, 67, 68, 178
hongos con su salsa, pollo relleno de, 178
hongos salteados con virutas de foie y yema de huevo curada, 68
hornear, 118, 198
hornear bizcocho, 198
horno, 90, 237, 253
horno, pescado al, 90
hot cake, 76
huachinango, 123

hueso, 159
hueva de merluza, 95
huevo, 24-79, 64, 72, 74, 75, 76, 77, 206, 216
huevo frito, 77
huevo hilado, 75
huevo pochado, 64, 75
huevo pochado y aceite de ajo, salteado de verduras con, 64
huevo y tocino, crema de yuca con, 72
infusionar, 222
infusionar leche, 222
jamón, 160
jamón serrano, 106
jamón serrano y cebollas cambray, lomo de rodaballo con, 106
Jerez, 168
jtomate, 26, 27, 28, 30, 110
jtomate, agua de, 27, 28
jtomate, vinagreta aromatizada de, 110
jtomate y orégano con bacalao confitado, agua de, 28
jtomates, pelador de, 23
jugo de carne, 165
lácteo, 24-79
langostino, 126, 134
lasaña, 149
lavavajillas, 251
leche, 35, 57, 71, 98, 154, 222, 239, 242, 249
leche, arroz con, 222
leche, infusionar, 222
lechón, 148
lenguado, 108
levadura, 243
licor, 129, 191, 237
licuadora, 27
licuadora de inmersión, 23
lima, 191
limón, 35, 37, 56, 57, 70, 91, 117, 123, 124, 148, 191, 218, 239, 242
limón, helado de queso crema con frutos rojos y bizcocho de, 218
limón, nieve de, 242
lista de la compra, 253
lomo, 99, 100, 160
lomo alto, 138
lomo de rodaballo con jamón serrano y cebollas cambray, 106
lomo de salmón asado con verduras escabechadas y crema de calabaza, 100
lomo de sierra con sopa de anís y azafrán con almejas escabechadas, 88
lubina, 108
magret de pato, 186, 188
magret de pato con salsa de frambuesa y manzana ácida, 188
mayonesa, 50
mayonesa de soya, verduras en tempura con camarones y, 50
maíz, harina de, 48
manchego español, 79
mandolina, 21
manga pastelera, 242
mango, 66
manitas de cerdo, 172, 174
manitas de cerdo a la plancha con salsa de vino y dados de papas adobadas, terrina de, 174
manta de cielo, 239
manteca, 169
mantequilla, 206, 212, 213, 215, 226, 238, 243, 249

mantequilla de sabores, 213
manzana, 188, 228, 230
manzana, compota de, 229
manzana ácida, magret de pato con salsa de frambuesa y, 188
manzana asada, 228, 230
manzana asada con mousse de chocolate, 230
manzanas, descorazonador de, 23
máquina de helados, 216
marinado, 117, 118
marinar, 117, 180, 186
marinar carne de caza, 186
marinar pescado, 117
marinar pollo, 180
marisco, 80-135
marisco, carpaccio de, 126
marmoleado, 138
masa madre, 243
mejillón, 130, 135
melón, 66
menta, 60
merengue, 220
merengue, montar, 220
merluza, 92, 95, 108
merluza, hueva de, 95
merluza con verduras, papillote de, 92
mermelada, 203, 204, 228
mermelada casera de naranja, rollitos con, 204
mero, 108, 123
microondas, 62, 97, 152, 195, 206, 221, 228
miel, 40, 44, 240
miel, mousse de requesón casero con, 240
miga, 146
migas integrales crujientes y puré de calabaza, cola de res estofada al vino con, 146
miserable, 17
miserable de silicón, 21
molde, 253
molde de silicón para hielos, 21
molde de vidrio, 21
molde de vidrio rectangular, 21
molusco, 127, 128, 130
montar, 202, 220
montar crema, 202
montar merengue, 220
morcilla, 54, 166
morcilla, calabacín relleno de, 54
mortero, 23
mousse, 220, 222, 224, 230, 240
mousse de chocolate, 222, 224
mousse de chocolate, manzana asada con, 230
mousse de chocolate con leche con bizcocho de yogur, 224
mousse de requesón casero con miel, 240
mundo dulce, 192-245
muslo, 176, 178, 180
naranja, 191, 204, 214, 238
naranja, rollitos con mermelada casera de, 204
nieve, 242
nieve de limón, 242
nieve de vinagre balsámico, 242
olla exprés, 19, 35
omelette, 76
ostión, 130
paletilla, 176
pan, 208, 210, 243, 245, 251
pan de aceitunas negras, 245
pan dulce, 206
pan francés, 216

ÍNDICE ALFABÉTICO

pan perdido, budín de, 210
panqué, molde de silicón para, 21
papa, 30, 32, 34, 120, 158, 174
papa, chips de, 34
papa y aceite de pimentón, pulpo a la plancha con crema de, 120
papas, pelador de, 23
papas a la gallega con camarones al ajillo, 32
papas adobadas, terrina de manitas de cerdo a la plancha con salsa de vino y dados de, 174
papel absorbente, 83, 98, 180
papel aluminio, 36, 41, 91, 177
papel antiadherente, 91
papel de periódico, 70, 74
papillote, 91, 92
papillote de merluza con verduras, 92
parmesano, 79
pasta, 248
pastel, 226
pastel de pescado, 98
pato, 186, 188
pato, magret de, 186, 188
pato con salsa de frambuesa y manzana ácida, magret de, 188
pavo, 180
pechuga, 180
pelador, 23
pelador de jitomates, 23
pelador de papas, 23
pera, 200
pera caramelizada, hojaldre con crema pastelera y, 200
percebe, 134
perejil, 48, 52, 56, 57, 249
perejil, aceite de, 52
pescado, 80-135, 139
pescado, adobar, 103
pescado, congelar, 96
pescado, conservar, 96
pescado, desangrar, 94
pescado, descongelar, 97
pescado, escabechar, 116
pescado, eviscerar, 118
pescado, fritura de, 82
pescado, marinar, 117
pescado, pastel de, 98
pescado, refrito de, 86
pescado, salar, 102
pescado a la plancha, 94
pescado a la sal, 109
pescado al horno, 90
pescado azul, 87
pescado de roca, 98
pescado frito con alioli de curry, cucurucho de, 84
pescado salado, 102, 104
pescados pequeños, 126
piel, 98, 128, 184
pierna con muslo, 176
pierna de pollo con muslo, rellenar, 176
pil-pil, 112, 114
pil-pil con arroz cremoso de almejas, cocochas de bacalao al, 114
pimentón, 120, 213
pimentón, aceite de, 120
pimiento, 36, 63
pinza, 23, 99
piña, 132, 228

piña con vinagreta de su coral, bogavante con tártara de aguacate y, 132
plancha, 94, 134, 139, 161, 164, 168, 184, 190, 251
plancha, pescado a la, 94
plástico autoadherible, 62, 75, 95, 96, 97, 127, 143, 144, 145, 173, 177, 180
plátano, 74, 238
plato, 252
pluma, 184, 186
pollo, 176, 178, 180, 184, 185
pollo, asar, 185
pollo, desplumar, 184
pollo, marinar, 180
pollo relleno de hongos con su salsa, 178
polvo para hornear, 198
poro, 40, 41, 47
poro tierno, 41
procesador de alimentos, 207
proximidad, alimento de temporada y de, 15
pulpa de cerdo, 160
pulpo, 118, 120, 123
pulpo a la plancha con crema de papa y aceite de pimentón, 120
punto de cocción, 116
puré, 146
queso, 78, 79, 140, 150, 213, 217, 218, 234, 237
queso, crujiente de, 79
queso, hamburguesa de ternera y trufa con salsa de, 140
queso, salsa de, 140
queso, sopa de fresas con helado de, 234
queso brie, 78
queso crema con frutos rojos y bizcocho de limón, helado de, 218
queso curado, 79
queso de cabra, 78
queso semicurado, 79
rallador, 23
rallador de trufa, 23
rape, 108
reblandecer, 160
reblandecer carne, 160
rebozado, 153
refrito de pescado, 86
rellenar, 176
rellenar pierna de pollo con muslo, 176
requesón, 239, 240
requesón casero con miel, mousse de, 240
res, 190
res, cola de, 144, 146
res estofada al vino con migas integrales crujientes y puré de calabaza, cola de, 146
retirar espinas, 99
riñón, 168
roca, pescado de, 98
rodaballo, 105, 106, 108
rodaballo, filetear, 105
rodaballo con jamón serrano y cebollas cambray, lomo de, 106
rodillo, 199, 206, 226
rollitos con mermelada casera de naranja, 204

romesco, calçots con salsa de, 42
romesco, salsa de, 42
ropa vieja gratinados con queso, canelones de, 150
rosbif, 190
sal, 37, 87, 97, 102, 109, 110, 129, 144, 168, 220, 248, 251
sal, pescado a la, 109
sal con vinagreta aromatizada de jitomate, besugo a la, 110
sal de grano, 109, 144
salar, 102, 144
salar carne, 144
salar pescado, 102
salmón, 87, 99, 100, 123
salmón asado con verduras escabechadas y crema de calabaza, lomo de, 100
salmuera, 87
salsa, 140, 158, 162, 178, 188, 232, 250
salsa, deglasar, 250
salsa, espesar, 158
salsa BBQ, 158
salsa de curry, escalopa de cerdo rellena con, 162
salsa de frutas, 232
salsa de queso, 140
salsa de romesco, calçots con, 42
salsa de vino, 174
salteado, 64
salteado de verduras con huevo pochado y aceite de ajo, 64
sandía, 66
sardina, 87
sartén, 19, 164, 166, 251
sashimi, 112
semicurado, queso, 79
seso, 172
sierra, 88, 108
sierra con sopa de anís y azafrán con almejas escabechadas, lomo de, 88
sifón, 23, 195
sifón, carga para, 23
silicón, brocha de, 21
silicón, guante protector de, 21
silicón, vaporera de, 21
soya, 50
soya, verduras en tempura con camarones y mayonesa de, 50
sopa, 30, 209, 233, 234
sopa de fresas, 233, 234
sopa de fresas con helado de queso, 234
sopa fría, 30, 46
soplete, 184, 237
sushi, 112
tabla, 166
tamiz, 194, 207
tamizado, 194
tamizar, 194
tamizar harina, 194
tarta, 202, 211, 212
tarta, base de, 212
tártara, 117, 132
tártara de aguacate y piña con vinagreta de su coral, bogavante con, 132
tártara de atún, 117
tataki, 112
teja de almendra, 212

temporada y de proximidad, alimento de, 15
tempura, 48, 50
tempura con camarones y mayonesa de soya, verduras en, 50
tempura de verduras, 48
tenedor, 199
ternera, 138, 140, 142, 144, 149, 154, 155, 159, 161
ternera y trufa con salsa de queso, hamburguesa de, 140
terrina de manitas de cerdo a la plancha con salsa de vino y dados de papas adobadas, 174
tocino, 72, 143
tocino, crema de yuca con huevo y, 72
tooffe, 242
torreja, 209, 216
tortilla, 76
tortilla española, 76
trigo, harina de, 48
trucha, 108
trufa, 140, 213
trufa, rallador de, 23
trufa con salsa de queso, hamburguesa de ternera y, 140
tuétano, 159
utensilio, 15, 252
vainilla, 214, 242
vainilla, helado de, 242
vapor, 130, 253
vaporera de silicón, 21
verdura, 24-79, 100
verduras, cuchillo de, 17
verduras, tempura de, 48
verduras con huevo pochado y aceite de ajo, salteado de, 64
verduras en tempura con camarones y mayonesa de soya, 50
verduras escabechadas y crema de calabaza, lomo de salmón asado con, 100
vinagre, 44, 75, 77, 95, 102, 116, 117, 118, 123, 168, 172, 181, 233, 251
vinagre, boquerón en, 103
vinagre balsámico, 242
vinagre balsámico, nieve de, 242
vinagre de vino tinto, 44
vinagreta, 110, 132
vinagreta de jitomate, 110
vino, 44
vino, salsa de, 174
vino tinto, 44, 165
vino tinto, filete mignon al, 165
vino tinto, vinagre de, 44
viruta, 190
viruta de foie, 190
yema, 68, 218
yema de huevo curada, hongos salteados con virutas de foie y, 68
yogur, 198, 224, 227, 235
yogur, bizcocho de, 224
yogur, helado de, 235
yogur, mousse de chocolate con leche con bizcocho de, 224
yuca, 71, 72
yuca con huevo y tocino, crema de, 72
zanahoria, 61